不動産投資専門の
コンサルタントと弁護士が書いた

改訂版

競売不動産の教科書

㈱ワイズ不動産投資顧問代表取締役
山田 純男

弁護士
竹本 裕美

JN057844

プラチナ出版

不動産競売

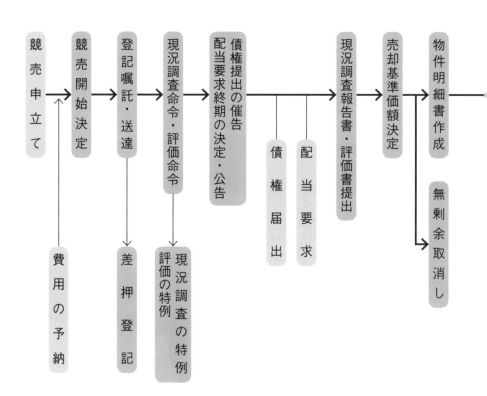

競売申立て → 競売開始決定 → 登記嘱託・送達 → 現況調査命令・評価命令 → 債権提出の催告／配当要求終期の決定・公告 → 現況調査報告書・評価書提出 → 売却基準価額決定 → 物件明細書作成

費用の予納

差押登記

評価の特例／現況調査の特例

債権届出

配当要求

無剰余取消し

債権者側手続
買受人手続
裁判所（書記官、執行官を含む）・法務局手続

手続フロー図

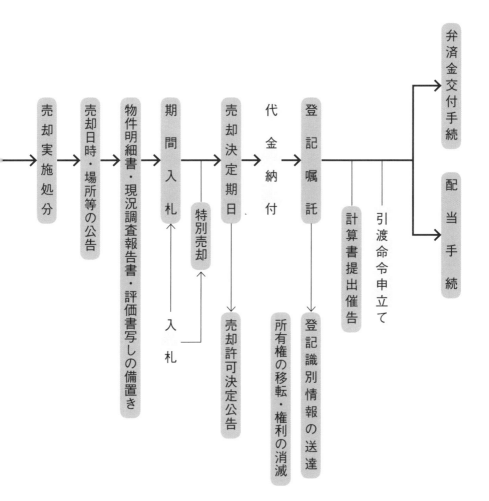

売却実施処分 → 売却日時・場所等の公告 → 物件明細書・現況調査報告書・評価書写しの備置き → 期間入札（入札／特別売却） → 売却決定期日（売却許可決定公告） → 代金納付 → 登記嘱託（所有権の移転・権利の消滅／登記識別情報の送達） → 計算書提出催告 → 引渡命令申立て → 弁済金交付手続／配当手続

装丁・DTP　タイプフェイス

イラスト　徳丸ゆう

はじめに

　本書が最初に刊行されたのは1996年であるが，このとき日本はバブル経済の崩壊に苦しんでいた。その翌年には山一證券や拓銀の倒産という事件も起こり世の中は騒然としていた。銀行や地域金融機関は不良債権処理にひたすら追われており，競売不動産も裁判所に溢れていた。２年後の1998年には東京地裁では新規の競売申立て件数は9,176件に達した。さらに当時は競売不動産の売却率は低迷しており，入札対象不動産の７割近くが期間入札で不売の結果であった。その結果東京地裁では競売手続の終了していない，いわば売れ残りの物件（未済事件）がピーク時で17,000件程度もあったのである。

　この状態を脱し，経済を再生させるべく，政府は不良債権処理を最重要政策課題とし，民事執行法の度重なる改正や，書記官の増員やコンピューター処理システムなど次々に手を打っていった。そしてその後，こういった施策が功を奏したことと，安くなった不動産投資への投資マネーの回帰が起こってきたことで売却率も大いに上昇し，急速に事態が改善された。

　しかし，2008年のリーマンショックが引き金となった世界的金融危機の影響で，ファンドバブルの終焉や新築マンションの販売不振などが襲い，競売不動産が再び増勢に転じる情勢になった。しかし，売却率は低下せず，競売市場の活況は続いた。2011年３月11日の東日本大震災後も，東京・大阪など大都市圏の競売市場は活況を保った。

　さらに，2009年12月より2013年３月まで実施された中小企業金融円滑化法により競売不動産の総量が激減した。一方で，アベノミクスの金融緩和策によって不動産購入意欲が高まり，競売市場は過熱とも言える状況にある。

2020年のコロナ禍でも大幅な金融緩和を背景に対象不動産の減少と競落率の高止まりの状況である。

　さて，本書は数度に亘る民法や民事執行法の改正を反映し，競売不動産の入手事例が作成されている。競売不動産の入手を検討されている方はもちろん不動産競売制度について興味をお持ちの多くの皆様にお役に立てれば幸いである。

　なお，本書 Chapter2の2018〜2023年開札トピックスは著者が執筆して連載している株式会社週刊住宅タイムズ発行の「週刊住宅」に連載されたものからの抜粋である。

　また本書の内容のうち裁判所等に対する手続に関しては，東京地方裁判所の取扱いを基本に記載されている。

2024年 4 月

著者

Contents

Chapter1　競売不動産の入手法

Chapter2　入札の戦略を立てる

【参考法令】

Chapter 1

競売不動産の入手法

Part
1

競売不動産って何……

1 競売不動産はこうして生まれる

不動産競売とは何なのか？

不動産競売手続は弁済を受けられずに困った債権者が裁判所に申立てをすることにより始まる。

債権者が債務者の所有する，または担保として提供していた不動産を裁判所に換金してくれるよう頼むのである。裁判所は申立内容に間違いがなければ，その不動産を差し押さえたうえ，強制的に売って，その代金を債権者への支払いに充てる。不動産競売とは大ざっぱにこのような制度であるといえる（ただし，競売不動産の中には，担保に基づき行われるもの以外のものもある。これについてはChapter 1 Part 2「3 入札に臨む」および31ページColumn「競売の種類いろいろ」参照）。

本書口絵に示した不動産競売手続フロー図がおおむねの不動産競売の流れになっている。

一般に競売不動産の情報が公開される方法は裁判所での掲示の他，民間の不動産情報サイトなどでの競売物件一覧掲載などがある（Chapter 2 Part 1「3　競売不動産情報の入手について」参照）。

　また，不動産物件情報サイト **BIT システム**では，全国の地方裁判所の競売不動産の売却スケジュールやその物件資料が公開されている（下記 Column「BIT システム」および Chapter 2 Part 1「3　競売不動産情報の入手について」参照）。

BIT システム

　IT 時代に対応し，東京および大阪地裁では2002年 7 月から競売対象の物件について物件明細書等の三点セットをインターネット上で公開し始めました。この事件記録はすべてダウンロードが可能で，かつて事件記録を閲覧に裁判所に足を運んでいた多くの方々が在宅で，しかも時間に関係なく記録を見られるのですから，かなり便利になりました。かつて東京地裁でも物件閲覧室が閲覧希望の人々でごった返していたことを思うと，今の閲覧所の様子は随分空いていて，変わったものだと感じます。ただしこの地裁のインターネットサービスでは，債務者氏名などのプライバシー保護の観点から，事件記録における個人名等はいわゆるマスキング処理されていて確認できませんし，登記簿謄本等の公開がなされていないことがあります。入札にあたっては，個人名等が入った三点セットの確認や登記簿謄本（登記事項証明）の取り寄せと確認は必要でしょう。

　またこのシステムには競落の過去事例の検索サービスが付いていて入札価格設定のための参考資料になります。さらに，期間入札の競落結果も公開されていますが，落札者氏名および入札本数や次順位は確認できません。つまり，債権者の自己競落などで市場価格より高い入札があっても，BIT システムから提供されるデータからだけでは知ることはできないわけです。利用者は，この辺の情報特性をよく理解したうえで活用すべきでしょう。このシステム導入後，明らかに入札参加が増加し，入札者の裾野を広げ売却率を上げるという，裁判所の当初の目的は達成されたといえるでしょう。

　現在，この BIT システムは全国おおよその地方裁判所の事件について実施されています。

　このサービスの URL http://bit.sikkou.jp/

一般の購入希望者はなかなか裁判所へ足を運びづらいことから考えれば，裁判所のインターネットサービスなどからまずは情報をとることになる。

　そして，入札を検討したい不動産を絞ったら裁判所に備置されている対象不動産の資料を確認することになる。

　ところで現在競売申立てから一般に競売不動産が公表されるまでは，東京地裁では約6〜10ヶ月間前後である。かつて事件処理が2年以上かかっていたことを考えると，裁判所の処理スピードは格段に上がり，結果として未処理事件が顕著に減少していった。

　下のグラフは全国および東京地域の不動産競売物件新規申立件数の推移である。1997年に全国で78,000件以上に上ったのをピークとして，その後減少を続けてきたが，その後2008年のリーマンショックによって金融危機が発生したことにより再び新規申立件数が2008年には67,000件強に増加した。しかし，2022年には逆に，約15,449件まで急激に減少した。

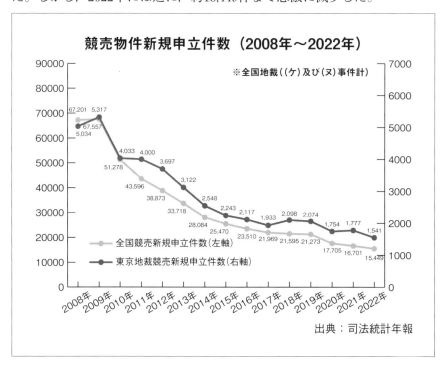

出典：司法統計年報

2 競売不動産の特徴

　私たちが，土地や家を買おうとするとき，広告を見たり，不動産会社に依頼したりする。より安く，そしてより良いものを求め努力するのである。もし，読者が少しでも競売不動産というものに興味を持ったなら，ひょっとすると，その望みを叶える早道となるかもしれない。競売不動産は，一般的にその特殊性から市場価格より安く裁判所から売り出されている。業者が一時的に引き取ったうえ，特殊な権利関係を整理し，相当な転売益を乗せて一般ユーザーに販売することが想定されているからである。もし，競売不動産を直接裁判所から買えたなら，問屋を通さず購入できるのに等しい。より有利な不動産購入を考えるなら，この方法を選択肢の一つに入れてよいのではなかろうか。しかし，安いには安いだけの理由がある。そこで，競売不動産の入手にあたっては，その理由，つまりは，その特徴ともいうべき点を正しく把握せねばなるまい。これについて，次に，その概略を記すこととしたい。

　私たちが，通常不動産を購入するときは代金を支払うのと引換えに売主に登記の移転（名義変更）と引渡しを行ってもらう。

　しかし，競売不動産の場合裁判所にその代金を納めても，登記の移転は

column

競売物件の売主側
（裁判官，裁判所書記官，執行官）

　競売を売買と考えることについては，実は法律学上問題があり，競売は売買ではなく国の行う強制処分であり，公用徴収類似の制度と考える立場もあります。しかし，われわれ競売物件を買い受ける立場からすれば，競売も代金を支払って物件を取得するのだから売買の一種と考えてよいでしょう。

　それでは競売物件の売主は誰でしょうか。通常の売買であれば物件の所有者ということになりますが，競売手続においては，もっぱら売主の役は**裁判官，裁判所書記官，執行官**が行います。

　競売手続において競売開始決定，売却許可決定といった重要な事項は，すべて裁判官が判断します。競売手続を行う裁判官も，一般の民事，刑事事件を扱う裁判官です。ただし，東京地方裁判所のような大きな庁ではこうし

行ってもらえるものの引渡しは保証されない。買い受けた者が，その不動産を利用または保管している人から自分で引渡しを受けなければならない。基本的には裁判所は面倒を見てくれないのである。

　一般的な不動産取引からすれば不十分とも思える。しかし，このことがまさに競売不動産の最大の特徴といえるのである。お金を払っても利用できないのでは何にもならない。しかも厄介なことに競売不動産各々により引渡しの受けやすいもの，ちょっと手間取るもの，そして大いに苦労が予想されるものとバラバラなのである。競売不動産はその購入にあたり立地条件や，建築制限など，通常の不動産において注意すべきことは，もちろんチェックすべきだ。

　しかし，何より関心を払わなければいけないことはこの「引渡し」なのだ。購入に先立ち引渡しを受けるにあたっての，その方法や費用，そして時間などを予想しなくてはならない。購入するか否か，購入するとしたならいくらですべきか，これらの決定を左右する最大の要素ともいえるのだ。したがって本書もこの部分について一番注力し，書かれている。

　これまで不動産競売が素人にとって恐いものだととらえられがちだったのもこの点である。たしかに今は少なくなったがプロの占有屋と呼ばれる人もおり，こういう人たちは，買受人から法外な立退料をとるのを仕事

た執行事件を専門に扱う部が存在します。裁判所書記官は裁判官を補助するほか，執行上裁判所が行う登記，公告等を行っています。競売手続において，われわれ物件の買受人が提出する書類を，実際に受け付けてくれるのも裁判所書記官です（ただし，入札書類の受付は執行官）。執行官は，主として現況調査や売却の実施など現実的な処分を行います。執行官も国家公務員で，各裁判所に所属していますが，裁判官や書記官と異なり，国から給与を受けることはなく，申立人等から所定の手数料を受け，それが執行官の収入となっています。

（？）にしている。しかし，事前の調査により，こういったものを避ける，ないしは対策を練っておくことは可能なことなのだ。ただし，いくら事前に調べたところで漏れがないとはいいきれない。競売不動産を必要以上に恐れるべきではないが，購入にあたっては占有状況についての十分な調査とともに，資金および時間的余裕を持つことが肝心だろう。

間違っても，高金利の融資金などで購入したうえで転売しようなどとは思わぬことだ。

Coffee Break

　1983年，競売で不動産を買い受けた不動産鑑定士が，その不動産を占有したまま明渡しに応じてくれない一家5人を殺害し，それらの死体を電動ノコギリで，バラバラにして捨てるという，痛ましい事件がありました。後日わかったところで，この鑑定士は占有状況についての裁判所の記録を正確にとらえていなかったようでした（すぐにでも明渡しを受けられると思っていたのです）。しかし，何よりも人を殺すまでに至った最大の理由は，本人が極めて苦しく，無理な資金繰りの状況で購入し，そのうえで転売益を得ようとしていたことにあったといわれています。

　さて，競売不動産は，これまで述べてきたような特殊性があります。このため，裁判所が，いわゆる売却基準価額（76ページ以下に詳しく説明）を市場の取引価格より低く設定するのを原則としています。したがって思わぬ得な買物も可能というわけです。しかし，安いには安いだけの理由もあります。前述した「明渡し」（もしくは「引渡し」）についての問題のほか，建物内にあらかじめ立ち入れないことなどもリスクといえます（ほとんど利用されてはいませんが，例外的に要件が備わった物件においては内覧できるようになっています）。買ってみたら補修の費用が予想外にかかってしまうこともあるでしょう。また，住宅ローンを利用しにくいこともあったりします（ただし，所定の申出を行えば利用可能な場合もあります。15，49ページ参照）。

3 競売市場はボロ市

　貸ビルで悠々自適といううらやましい人の話を聞くと，結構競売により，その物件を取得していたりすることがある。そういったいわば成功者は，競売市場からお宝を探し当てた幸運な人たちといえるだろう。私たちも是非あやかりたいものだ。では，競売市場には実際にそんなお宝があるのだろうか？　答えは"イエス"である。ただし，見る目があっての話だが……。

　通常，私たちが，土地や家を買おうと思うとき，まずはお目にかかれない物件が，不動産競売市場にはある。例えば，借地権付の建物だが，地主から明渡しの収去訴訟を起こされているものなどが入っている。こんな物件は，一般的にはまず売られることはない。買ったはいいが「場合によっては，借地権がなくなってしまいます」，というのでは，普通では売り物にはなるまい。もちろん裁判所もこういった物件はその分，安くはしている。しかし，少なくとも一般の人の購入検討からは外れるべきものだろう（こういった物件，つまり係争物件と呼ばれるものは，評価上「係争減価」というものが為され，安くなっている）。

　もっとひどいのになると，使用借権付建物というのもある。これなどは借地権とは違い，そもそも地主に「建物を壊して，土地を明け渡せ」といわれれば，従わなければならない薄弱な権利の物件で，理論上，価格は出されるものの，実際は無価値に等しい。破格に安い物件は要注意である。他にも共有持分のみの競売不動産などというのもある。一つの不動産を複数人で持っていて，その一部分の共有持分のみが，売却されるというものだ。利用するにも，処分するにも，他の共有者との協議が必要であり，これも一般向きとはいえまい（Chapter 2 Part 3「東京地裁開札トピックから」2022年6月13日号参照）。

　また，先ほどの借地権付の建物の場合の逆で，借地権が設定されている，いわゆる「底地」も登場する。これは，自らはその土地を利用できない特

殊な土地である。裁判所の閲覧室には，こういった変わり種（？）の物件が平然と，その他の物件と区別されずに並んでいる。「競売不動産は安い」というのもすべてには，決して当てはまらない。前述のような，いわゆる「キズ有り」物件は安かろう悪かろうであろうし（料理の仕方で，大化けしてしまうこともあるが……），不動産価格の下降局面においては，権利的欠陥がない物件であっても，結果的に一般市場より高くなってしまう場合もある。さらに，特に古くて小さな店舗・事務所や工場などはいくら安価でも買い手は限られるわけで，これもまた一概に「安い」とはいえない（競売不動産にはこういうものが結構多い。「Part 5　特殊物件について」参照）。逆に不動産価格上昇局面において，物件によって競落できる価格が一般市場並みに高くなってしまうこともある。

　こういった中で，自分がこれと思う物件を探し当てるのは，あたかもボロ市で掘出し物を見つけるのと似ている。不動産における，あらゆる知識と経験をフルに活用し，目利きをするのである。

　こういった点が，競売不動産の難しいところであるが，一方では，挑戦してみたくなる魅力の部分ともいえるだろう。

column

素人は競売に手を出すな①

　素人は競売に手を出すな，という話をよく聞きますが，不動産競売にはどのような特殊性があるのでしょうか。

① 物件の現地調査が困難

　競売不動産の所有者は，多くの場合，物件の売却を望んでいないので，現地調査において協力を求めることができません。この問題については「Part 3　買受不動産の事前調査」において詳しく解説します。

② 購入資金についてローンを利用しにくい

　まず，買受人は入札前に銀行などへローンを申し込みますが，実際に落札できるかどうか分からないこともあり，入札時点では，融資の本審査が行われにくいのです。結局落札した後で，本格的融資審査となるのですが，その段階で融資を否認されたら，買受人は非常に困ってしまいます。いきおい，ローン借入れ前提では入札しにくいことになります。

4 競売制度の変遷

　1979年民事執行法が制定された。これにより不動産競売は一般市民に開かれた制度になった。ただそれは、それ以前において、買受けできる人の資格が、特別にあったという訳ではない。では、何をもって開かれた制度になったのかというと、それは売却の方法である。

　現在は民事執行法に基づき、競売は実施されているが、それ以前は競売法という法律が、バイブルであった。この旧競売法においては、不動産の売却方法を原則として、競り売りとしていた。買受希望者が一斉に、不動産の売却場に集まり、執行吏（現在の執行官）の指示のもと価格を競り上げていき、一番高い価格を付けた人に売却していった。この方法であると、その競売不動産が売却される当日に、必ず不動産売却場に居なければ購入申込みはできない。そこで一部のプロが、不動産売却場の入口で他の一般の人が入場するのを妨害したりすることが、よくあったようだ。仲間うちである程度順繰りに買い受けたり、わざと買受希望を表さず、価格を意図的に下げたりするなど、公正なる競争原理に基づかない売却になってしまいがちだった。そこで、現在は改善され、従来どおりの競り売りを含め、4種類の売却方法から、裁判所書記官の定める方法による。それらの方法

　なお、1998年10月の民事執行法改正によって、銀行などの抵当権の設定を買受人への所有権移転登記と同時に行える制度を作ったので、それ以前より、ローンは、この点において利用しやすくなりましたが、銀行は積極的に取り組んでいないのが現状です。

③　占有者の問題

　占有者といっても事情はさまざまであり、もとの所有者が移転先がないため居住している場合から、本文で述べた占有屋が居座っている場合もあります。この問題については「Part4　買受後の問題について」で詳しく解説します。

の概要は次のとおりである。

i　期日入札……入札期日に入札をさせた後，その場で開札をする方法

ii　期間入札……入札期間内に入札させて，別な開札日に開札を行う方法

iii　競り売り……前述のとおり，売却の日に競り上げさせる方法（いわゆるオークション）

iv　特別焼却……入札または，競り売りとして買受人がいなかった時に限り行われる方法（先着順による売却形式がとられるのが専ら）

　さて，開かれた不動産競売を成し遂げるため，実際には裁判所で現在採用されている売却方法は上記の　ii　期間入札および　iv　特別売却である。したがって，この二つの方法を理解すれば実践では十分だろう。（た

---

column

素人は競売に手を出すな②

　不動産競売の特殊性として，買受後に以下のような問題が生じた場合に，通常の不動産取引とは異なります。

　まず，自ら居住する目的で買い受けたが，占有屋が占拠していて使用できない場合，通常の売買であれば売主の債務不履行で売買契約を解除できますが，競売手続では解除はできません。買受人の責任と費用で引渡しを受けるしかないのです。

　それでは，購入した不動産に欠陥があった場合はどうでしょうか。民法では売買において買主の契約内容に適合しない場合，買主は売主に対して契約解除や代金減額請求などができます（売主の契約不適合責任といいます）。

　たとえば，建物の土台がシロアリ被害で大きく損傷していたといった場合です。

　こういった本来の契約内容（使用に支障のない建物の売買）に適合しない場合は修理の請求や，修理ができない場合などの代金減額や契約解除を買主は売主に請求できます（民法第562条から第564条）。

　しかし，競売で取得した場合，競売の目的物の種類又は品質に関する不適合については適用しないとされています（民法第568条第4項）。

　したがって先の例のようなシロアリ被害による損傷は買受人の費用で修理するなどしなければなりません。

　欠陥建物を競落してしまい，思わぬ損害を被ることも，競売に素人が手を出すなといわれる所以です。

　なお，借地権付建物として公告された建物を競落した場合などは目的物の種類又は品質に関する不適合ではありません。したがって買受人が損害賠償等を債権者などに請求できることはあります（民法第565条，第568条第1項から第3項）。

だし，不動産公売については期間入札，期日入札および随意売却の場合がある。46ページ Column，106ページ Column，109ページ参照）

さらに開かれた競売への足跡

　民事執行法が制定された後，1990年代にバブル経済が崩壊し，それに伴い競売物件が急増しました。開かれた制度になったはずの不動産競売でしたが，それでもなお入札の裾野を広げるにはまだまだ改良の余地がありま

した。買受人がより安心して入札できる制度へ，そしてそれにより競売不動産の円滑な売却を進めるため，民事執行法は数度改正されてきました。以下がその主な経過であります。

　民事執行法は短期にまさに進化の歴史を持った法律ですね。

1996年　▼使用借権者に対し，引渡命令発令へ

　　　　それまでは無償で住んでいる占有者には明渡訴訟を提起しなければなりませんでした。競売妨害に利用されることもありましたので，対処されました。

1998年　▼執行抗告に制限設ける

　　　　（後述の56ページ「8　執行抗告について」参照）

　　　　抵当権の所有権移転登記との同時設定登記可能に

　　　　（51ページ民事執行法82条2項の申出の記載参照）

　　　　▼執行官調査権限拡充

　　　　それまでは，電気やガスの名義調査の権限を，執行官は持っていませんでした。この改正で，より確かな占有状況が現況調査報告書に記されるようになりました。

2003年　▼短期賃借権廃止

　　　　▼明渡猶予制度制定（111・112ページ参照）

　　　　▼相手方不特定での保全処分可能に

　　　　（後述の125ページ「9　改正法による明渡手続についてのケーススタディ，ケース2」参照）

2004年　▼最低売却価額制度から売却基準価額制度へ

　　　　（78ページ Column 参照）

Coffee Break

　かつて（民事執行法施行前），不動産競売の売却場は競売業者によって占められていて，一般の人はなかなか入札に参加できない状況であったといわれます。裁判所内に売却場があるのにもかかわらず，売却場の入口にコワモテのお兄さんが立ちはだかっていたというのですから，さぞ異様な光景であったに違いありません。

　こういったことがあったので，民事執行法第65条に売却の場所の秩序維持というくだりが設けられたのでしょう。

　さて，親子二代にわたり，競売不動産を扱っているという業者が，かつてこんなふうに語っていました。

　「昔は取れる（落札できる）物件があらかじめ分かった。予定が立てやすかったのだが……今は誰が入れてくるか分からず，やりにくくなったよ。そこで最近は，占有状況が複雑な物件で，公告される前にその裏事情をつかみ切れるものだけを扱っているんだ。他の人が入れやすい物件はなかなか取れないからね。」

　時は流れ，今やこの業者さんもほとんど入札していないようです。競落する業者の顔ぶれは時代とともに変わっていきます。

　ただ，やはり，入札者の中心になるのは不動産業者ではあります。

5 独り合点は大けがのもと

　土地や家を買うとき，通常皆さんは不動産業者から，あるいは不動産業者を介して購入する。この場合，不動産業者は，売主として，または仲介人としての責任を負うことになる。買う方の立場としては，法律（宅地建物取引業法）により守られていることになる。不動産業者は重要事項説明書と呼ばれる，物件の説明書を作成し，十分，買主に説明をせねばならず，この説明に誤りがあれば，相応の責任をとらねばならない。

　さて，競売不動産についてはどうかといえば，一般的には，買受けにあたって，不動産業者は介在しない。敢えていえば，裁判所がこれに替わる立場ともいえるが，先に述べた責任の部分においては心もとない（17ページ Column「素人は競売に手を出すな②」参照）。裁判所には，物件の説明書として，基本的に「物件明細書」・「現況調査報告書」・「不動産評価書」の通常三点セットと呼ばれているものが備え付けられている。一般の取引における，重要事項説明書にあたるものと考えてよいだろう。これらの書類は，各物件ごとに必ず作られているわけだが，項目によっては重要事項説明書ほどには詳しく書かれてはいない。

　たとえば，執行官が作る「現況調査報告書」など，債務者の協力が得られないこともあって，内容が十分とはいえない。短い時間の現地調査に基づき作成されていることもある。内容も荒削りになるのはやむを得まい（後にこれらの資料の見方などは詳しく述べる）。しかし，私たちが競売不動産の買受けを検討するとき，これら以外の資料は与えられないのであり，記載されている項目一つ一つについて，自分の力で，よく理解せねばならない。なかでも問題となるのは，やはり引渡しに関することだろう。引渡命令が発令されるか否かは後に詳しく述べるが，物件を買い受けるにあたっての最重要チェックポイントである。しかし，この件について，裁判所の資料には明確な記載がない。裁判所としては引渡命令が発令されるか否かについては，事件記録の内容から事件記録閲覧室などに備え付けて

ある詳細説明のファイルなど（「BITシステム」においても公開している）を参考にして買受人が自ら判断することを求めている。引渡しに関することだけでなく、接道関係、都市計画関係などについても、裁判所の資料のみで判断できないことも多い。必要に応じ、官公署などで調査等をせねばならないだろう。しかし、何より大切なことは、自分一人だけで判断しないことだと思う。物件の財産性や法的問題など、それらのことに明るい専門家や弁護士への事前相談を、なるべく行うのが得策だろう。要所要所をきっちり押さえていけば、競売不動産は決して危いものではない。お宝を手にいれるには、慎重さも必要というわけだ。事前相談などに要する費用を惜しんで、とんだ大けがをしたのでは、何にもならないだろう。競売での購入はまさに「自己責任で」というわけである。

column

明渡訴訟と引渡命令①

　買受人が、買い受けた物件を占有する者から物件の引渡しを受ける方法は、まず占有者と話し合い、任意に明け渡してもらうことです。しかし、任意に明け渡してもらうには、多くの場合明渡料を要求されます。

　そこで、話合いがつかなければ法的手続をとらざるを得ません。裁判所に、占有者を被告として家屋**明渡訴訟**を提起し、判決を得たうえで、強制執行を行います。強制執行手続となれば、占有者がどんなに頑張っても、文字どおり強制的に立ち退かされます（117ページPart 4「7　強制執行」参照）。しかし、判決を得て強制執行を行うには、お金と時間がかかります。まず、家屋明渡訴訟を提起するについては、家屋の固定資産評価額を基準に計算した金額を裁判所に納めなければなりません。弁護士に委任するのであれば弁護士費用もかかります。また、訴えを提起してから、第1回の裁判（口頭弁論）が開かれるまで、通常1ヶ月ぐらいはかかってしまいます。事件の内容にもよるのですが、判決を得るまでさらに3〜4ヶ月はかかると思わなければなりません。

　ところが不動産競売においては、**引渡命令**という制度があり、この制度によれば、簡易迅速かつ費用も低額に強制執行手続を行うことができるのです（97ページColumn「明渡訴訟と引渡命令②」参照）。

Coffee Break

　家屋の明渡しは，相手のこれまでの生活の場を奪うことですから，いろいろなドラマを生みます。

　家屋明渡しの強制執行は，執行官が行います。もちろん執行官一人ではできませんから，作業員を連れて現場に赴き，作業員が執行官の指示のもと家財道具をすべて運び出します。鍵も付け替えます。こうした執行官を補助する執行補助者という強制執行のプロもいます。占有者がヤクザ屋さんのときは，話が早くていい，とよく聞きます。ヤクザ屋さんが物件を占有するのは債権回収や，立退料などが目的で，いずれもお金で解決できるから金額さえ話がつけば解決です。困るのは老人，病人，子どもです。移転先のないこういった人を立ち退かせるのは，いくら法的に可能であっても人道上問題だからです。

　あるとき郊外の一軒家の明渡しに，執行官と現場に赴いたところ，家屋には債務者の年老いた母（お婆さん）と幼い子どもだけがいました。事情がわからずおろおろするお婆さんと，いまにも泣きだしそうな子どもを前に，公示書（強制執行の断行日が記載されたもの）を貼付するなど，催告手続を行いました。そのうえで，このままでは強制執行を行うことになるので，必ず債務者から私に連絡するよう伝えて帰りました。結局この事件は，後日姿を隠していた債務者夫婦がお婆さんと子どもを引取りに来て建物を明け渡し，強制執行を断行せずに無事解決しました。

Part 2

どうやって買うのか？

1 期間入札での買い方（全体の流れ）

前にも述べたが現在不動産競売で採用されているオーソドックスな方法は期間入札による売却である。

この方法は買受希望者が指定された入札期間内に保証金とともに入札書を裁判所に持参するか，または郵送する。そして，定められた開札期日に集まった入札書を開札し，一番高い価格を付けたもの（最高価買受申出人）を決める。

その後，この最高価買受申出人に本当に売却してよいかを裁判所が決定する（売却許可決定）。

売却決定がなされると公告されることになっている。そしてこの公告ののち1週間はこの売却許可決定に対する執行抗告期間となっている（この執行抗告については後記「8　執行抗告について」（56ページ）にて詳細は述べるが，この抗告が占有者などから行われると，競売手続の進行が止

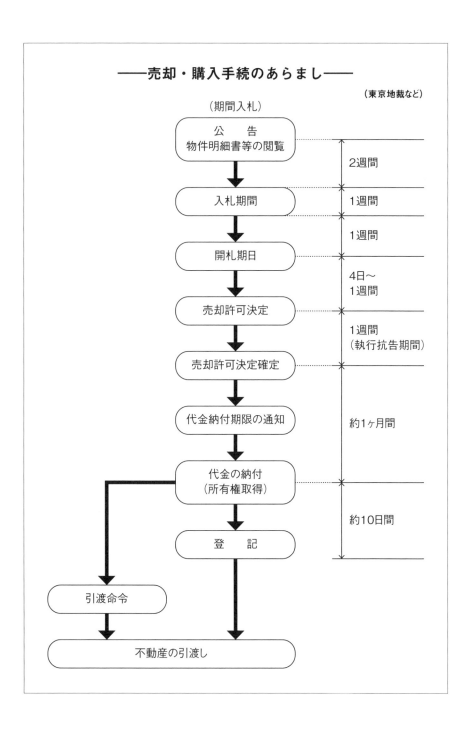

——売却・購入手続のあらまし——

（東京地裁など）

（期間入札）

公　告
物件明細書等の閲覧

2週間

入札期間

1週間

開札期日

1週間

売却許可決定

4日〜
1週間

売却許可決定確定

1週間
（執行抗告期間）

代金納付期限の通知

約1ヶ月間

代金の納付
（所有権取得）

約10日間

登　記

引渡命令

不動産の引渡し

まることがある）。執行抗告がなく期間を満了すると売却許可決定は確定し，買受人に代金納付期限の通知がなされ，これに基づき買受人は代金を支払う。この代金の支払いにより，所有権は買受人に移転し裁判所は登記名義を買受人にすべく登記所に嘱託するのである（前ページのフロー図参照）。

2 保証金を振り込む

　入札にあたって，まずやらねばならぬのは「**保証の提供**」である。

　競売不動産の売却公告を見ると**売却基準価額**という金額が掲載されている。

　一般的には，この売却基準価額の20%相当額を裁判所指定の口座へ振り込む。このとき，東京地裁においては所定の振込用紙があるので，あらかじめ入手し必要事項を記入し，これを利用しなければならない。振込みの控は，後に作成する入札保証金振込証明書に貼付するので大事に保管する（次ページの東京地裁所定の振込用紙の様式，記入例を参照）。

　なお，振り込むときの金融機関には特に制限はない。

　また，入札にあたって現金を動かしたくない方は「支払保証委託契約締結証明書」を提出する方法もある。

　銀行や保険会社の支払保証をあらかじめ取り付け，その証明の文書を現金の代わりに提出する方法である。しかし，実際にはこの方法をとっている入札人は少ない。

　手続の煩雑さや保証料との兼ね合いなどから，利用率が低いのかもしれない。興味のある方は，銀行や保険会社と相談してみるとよい。

　さて，この保証金の振込みは当然入札期間内に行わねばならず，着金の遅れを防ぐため「電信扱い」としたい（東京地裁所定の振込用紙においてはあらかじめ電信扱いとなっている）。ちなみに，入札期間内に裁判所の口座に入金済にならないと入札は無効となる。

　入札期間は東京地裁などは8日間であり，この間に振り込めばよいわけだ。ただし，申立人が「**取下げ**」をしたり，競売手続が「**取消し**」や「**停止**」になることにより，入札対象にならなくなることがある。

　しかも，こういった「取下げ」，「取消し」，「停止」は入札期間が終了した後もあり得る。したがって，保証金の納付の手間が最初から無駄になってしまう場合がある。

こういった事態をなるべく少なくするためには，保証金振込みの前に執行官室に「取下げ」などがないかどうか確認（電話でも可）すべきである。また，振込みも入札期間の半ば過ぎぐらいがよいかもしれない。

　以上，保証の提供が終わり，入札手続の第1ステップは終わったことになる。

　なお，入札したものの落札できなかった場合は当然振り込んだ保証金は返還される（無利息）。

　返還方法は東京地裁の場合，すべて自動的に振込みによることとなっている。

　なお，保証金を振り込んだものの，入札の時点で「取下げ」や，「取消し」となってしまったときなどは入札せず，保証金の返還のみを請求することになるが，この場合は，「組戻し」という手続を振り込んだ金融機関と裁判所双方に行わなければならない。

　次ページに掲げたのは，東京地裁（民事執行センター）の請求書である。

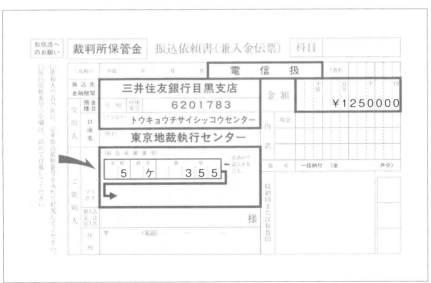

年　月　日

東京地方裁判所民事執行部

　　歳入歳出外現金出納官吏　殿

　　　　　　　　　　住　　所

　　　　　　　　　　氏名又は

　　　　　　　　　　法人名　　　　　　　　　　印

振 込 金 返 還 請 求 書

　東京地方裁判所　年（　）第　　　　号（物件番号　　　　　　　）に
ついて，貴官名義の預金口座に振り込んで提出した振込金の返還を下記のとおり
請求します。

　　　　　　　　　　記

1　振込年月日　　　　　　　　　　　　　　　年　　　月　　　日
2　金　　　額　　　　　　　　　　　　　金　　　　　　　円
3　金融機関等　　　　　　　　　　　　　銀行　　　　　店

　　　　　　　　　　　　　　　　　　　信用金庫　　　　店

　　　　　　　　　　　　　　　　　　　信用組合　　　　店

4　依 頼 人 名

5　返 還 事 由

　　　□　自己都合　　□　取下げ　　□　取消し

　　　□　停止　　　　□　その他（　　　　　　　）

6　添付書類

　　　□　保管金受入手続添付書　　□　印鑑証明書　　□　運転免許証

　　　□　身分証明書　　□　その他（　　　　　　　）

3 入札に臨む

保証の提供も終わり，いよいよ入札手続に入ることになる。入札手続に必要な書類は，①入札書，②入札書を入れる所定の封筒，③入札保証金振込証明書，④資格証明書（または商業登記簿謄本）または住民票等が基本セットと考えてよい。なお①，②，③の用紙はすべて執行官室にて無料でもらえる。

これに代理人による入札であれば委任状，また，共同による入札であれば共同入札の許可書，そして対象の物件が農地（田，畑）である場合には，農地法に基づく許可書などが必要である。

(1) 入札書を作成する

まず，**入札書**であるが，ここで注意を要することは事件番号と物件番号の正しい記載である。

特に物件番号というのが，やや理解しづらいところだ。

例えば，土地付建物いわゆる一戸建の物件の場合，土地と建物はそれぞれ不動産としては別個として扱われており，登記簿は各々作られているのである。

物件番号は，各々その不動産ごとに付されることとなっている。ちなみに複数の物件番号の不動産を分離せず，買受けさせる方法を「一括売却」と呼んでいる。「1」，「1，2」，「3，4，5」など算用数字をしっかりと記入せねばならない。

また，事件番号においては（ケ）と（ヌ）の二つがあるので記載に気をつけたい。

（ケ）はいわゆる任意競売（担保権の実行としての競売。なお担保権には（根）抵当権のほか先取特権等も含まれる），また（ヌ）は担保権ではなく裁判の判決などに基づく強制競売を意味している（また（ケ）事件には相続人による共有物分割のための換価競売といった特殊な競売も含まれる。31ページ Column「競売の種類いろいろ」参照）。

買受人の立場としては，手続上の相違はないのだが，ややもすると誤記してしまうので注意したい。

入 札 書 （ 期 間 入 札 ）

年○月×日

東京都地方裁判所執行官　殿

事件番号	年 （ケ）第 777 号	物件番号	1, 2, 3

入 札価 格	百億	十億	億	千万	百万	十万	万	千	百	十	一	
			¥	2	3	9	3	3	1	1	1	円

	本人	住所 （法人の所在地）	〒 000-0000 東京都○×区○×町3-3-3	
入札人		（フリガナ）	マルバツ　　　タロウ	
		氏名 （法人の名称等）	○×　太郎	㊞
		※法人の場合、代表者の資格及び氏名も記載すること。	日中連絡先電話番号　　03（0000）0000	
	代理人	住所 （法人の所在地）	〒　－	
		（フリガナ）		
		氏名 （法人の名称等）	（代理人を立てるときは ここへ記入　　　　　）	㊞
		※法人の場合、代表者の資格及び氏名も記載すること。	日中連絡先電話番号　　　（　　）	

注 意

1　入札書は，一括売却される物件を除き，物件ごとに別の用紙を用いてください（鉛筆書き不可）。

2　事件番号及び物件番号欄には，公告に記載された番号をそれぞれ記載してください。事件番号及び物件番号の記載が不十分な場合，入札が無効となる場合があります。

3　入札価額は算用数字ではっきりと記載してください。入札価額を書き損じたときは，新たな用紙に書き直してください。

4　**(個人の場合)**　氏名及び住所は，住民票のとおり正確に記載してください。
　(法人の場合)　名称，所在地，代表者の資格及び氏名は，資格証明書（代表者事項証明，全部事項証明等）のとおり正確に記載してください。

5　代理人によって入札するときは，本人の住所（所在地），氏名（名称等）のほか，代理人の住所（所在地），氏名（名称等）を記載し，代理人の印を押してください。

6　入札書を入れた封筒は，必ず糊付けして密封してください。

7　一度提出した入札書の変更又は取消しはできません。

8　資格証明書，住民票，委任状，振込証明書等は，必ず入札書とともに提出してください。

9　振込証明書によって保証を提供する場合の金融機関への振込依頼は，必ず，「電信扱い」又は「至急扱い」としてください。翌日扱い等の事由により，入札期間後に入金された場合，入札が無効となります。

いずれも裁判所の公告の内容をしっかり見て，そのとおりに記入すればよい。

入札人の記載においては，法人の場合，代表者名の漏れなど気をつけたい（ゴム印の使用も可である）。

また，開札日に執行官が読み上げる都合上，フリガナをふっておくべきだろう。

そして一番重要な部分は入札価額欄だ。

売却基準価額から20％減額した金額が**買受可能価額**と呼ばれており（76ページ Column 参照），入札価額はこの買受可能価額以上あればいくらでもよいし，1円単位の端数も可である。

なお，物件の中には民事執行法第63条第2項の申出額という価額が設定されているものがある。この金額は売却基準価額より高い価額であるが，入札者はこの金額以上に入札価格を設定しないと競落はできないので，注意したい（後記，参考法令「民事執行法（抄）第63条」参照）。

いったん提出した入札書の変更はできないので慎重に記入したい。

なお，入札価額の書き損じなどは訂正印を押印したうえ，1回は可能ということになっているが，こういった際には新たな入札書に記入するのが賢明だろう。

保証の額の欄は，入札価額に関係なく原則売却基準価額の20％の金額を

競売の種類いろいろ

競売のうち事件番号に（ケ）が付くものは，たいていは抵当権や根抵当権をもとに，実行されるものです。抵当権や根抵当権は担保権ですので，**（ケ）の事件**は「担保権実行」の競売というわけです。ただ少ないですが，抵当権や根抵当権以外の担保権により実行される競売もあります。それはたとえば先取特権です。先取特権での競売は，マンションの管

理組合が，滞納管理費等を回収するために行われるものなどがたまにあります。

管理組合としては，滞納管理費等がある住戸等について，金融機関などが競売にかけてくれれば，競落されたあと，その住戸等の買受人に，それを請求できます（67～68ページ参照）。したがって他が競売にかけてくれれば，待っていればいいのですが，そうでなく，滞納額が大きくなってしまった場合などは，管理組合が先取特権を行使して競売に付

記入する。

　続いて，保証の提供方法および右上の日付を記入する。その際この日付は，入札書の提出日または開札期日などを挿入する。

　最後に押印をして入札書への記入は終わる。

　なお，使用する印鑑は，入札人が法人の場合は代表者印を押印する（法人，個人とも実印であることを要しない）。

　ただし，代理人による入札の場合は代理人欄にその代理人の住所，氏名，押印が必要になる（代理人は弁護士でなくてもよい）。

　さて，ここに押捺した印鑑は，後日，売却許可決定謄本の申請などに使用することになるので，どの印鑑を使用したか忘れないようにしたい。

　以上，入札書書式および記入例を参照されたい。

　入札書を書き終えたら，次に入札保証金振込証明書を作成する。

(2)　入札保証金振込証明書を作成する

　入札保証金振込証明書には，裏面に先に振り込んだ保証金の振込みの控を貼付する（貼付した後割印を行う）。

　振り込んだ保証金は開札の結果，落札できなかった場合，無利息にて買受申出人に返還される。

　この返還の際の返還方法をここで指定する。

　通常の場合は振込みによる返還とするであろうから，ここにその口座番号を記載する（次ページの書式例を参照されたい）。

するというわけです。

　また，（ケ）事件の中には，担保権の実行ではなく，共有物分割のための換価競売もあります。これは，複数の相続人が，相続した不動産につき，分割協議がまとまらず，競売によってお金に換えるというものが，その代表的な例でしょう。

　また競売のうち事件番号に（ヌ）が付くものは，「強制競売」と呼ばれます。これは裁判の判決や和解調書などをもとに不動産を差し押さえて行うものです。

　ちなみに，裁判の判決文など，競売に付すことができることなど，を公に証明した文書を「債務名義」といいます。

なお，東京地裁においては振込返金の場合，開札日から2日後となっている。

(3)　その他の添付書類は

　入札書，入札保証金振込証明書のほか必ず添付すべきものは，個人であれば住民票，法人であれば資格証明書または商業登記簿謄本である（有効期間に留意のこと。ちなみに東京地裁は発行後3ヶ月である）。

　さらに2020年より「**暴力団等に該当しない旨の陳述書**」（38〜40ページ）が加わった。なお，宅地建物取引業者は，自らの宅建免許の写しも必要書類に加わる。

　次にケースによって添付しなければならない書類がある。

　まず，代理人による入札のときである。この場合は委任状を必要とする（ただし，入札書の提出を入札人の代わりに行うことは代理にはならない）。

　また，二者以上の共同での入札の場合，事前にその旨の許可をもらわねばならない（入札手続と同じ日でも可能）。この許可は36ページの「**共同入札買受許可申立書**」により行い，入札時に許可印が押印されたものを入札書類と併せて提出する。

　ここで注意すべきは，共同入札する際に，制限があることである。むしろここでは共同で入札できる場合を示すと，

①夫婦，兄弟，親子などの身分関係のある場合

②その競売物件の賃借人などの利害関係人

となっている（36ページ上の書式参照）。

　したがって，友だち同士でお金を出し合い，一つの物件に入札することはできないのである。

　また，共同入札の場合は，入札書も共同入札用のものを使用する（37ページの書式参照）。

　さらに，特殊なケースではあるが競売物件のうち農地については，購入にあたり農地法の許可（または届出）が必要になる。

　実務的には農業委員会などに発行してもらった「買受適格証明書」を添付することになる。

入 札 保 証 金 振 込 証 明 書

管理番号	・ ・		

入札保証金提出者	（買受申出人）	本 人 の 住 所	□□□－□□□□		事件番号	年（　　） 第　　　　　　号
		フリガナ 氏　　名			物件番号	公告書記載の番号 第　　　　　　号
		会社等法人の名称、代表者の氏名	印		開札期日	年　　月　　日
		連絡先電話番号	－　　　－　　　（　　　）			

保証金の返還請求	返還事由が生じたとき，この保証金は振込みにより払い渡してください。				
	振 込 先 金 融 機 関 名		口座名義人の 住 所		
	銀行 金庫 組合	店 営業部	フリガナ		
			口座名義人の 氏 名		
	預金種別	普通・当座・通知・別段			
	口座番号				

受　理	年　　月　　日	執行官印	開札の結果	備考	
振込確年月日 受入年月日		出納官吏印		種目	買受申出保証金

太枠内は，買受申出人が記入してください。
記入に際しては，裏面の注意事項をよくお読みください。

（割印）

　金融機関の証明書（保管金受入手続添付書）の貼り付け箇所

入札保証金を執行裁判所の預金口座に振り込んだ旨の証明として，振込みを依頼した金融機関から交付を受けた「保管金受入手続添付書」（原本）を，このわく内に左上をそろえて貼り付けて差し出してください。
貼り付けるときは，周囲をのり付けして，確実に貼り付けた上，割印を押してください。
なお，振込みについては，裏面の注意事項をよく読んで，間違いのないようにしてください。

（割印）　　**金融期間の領収印があることを確認の上，貼り付けてください。**

入札保証金の振込みについての注意事項

1　入札保証金は,所定の入札期間の満了までに裁判所の預金口座に入金済みとなることが必要ですから,振込みは「電信扱」と記載された「専用用紙」を使用してください。

2　振込依頼書の振込依頼番号は,右づめで事件番号を記入してください。振込みを受け付けた金融機関の領収印があることを確認の上,二枚目の「保管金受入手続添付書」（裁判所提出用）を,表面の下段に貼り付けてください。

　　☆「振込依頼書」の依頼人名は,入札保証金の「提出者」と同一であることが必要です。異なるときは,受入れ手続をとれませんので,ご注意ください。

3　入札保証金の振込みの取消し又は変更はできません。

4　開札の結果,返還すべき保証金は,あらかじめ申出のあった金融機関の口座への申込みにより返還します。なお,ゆうちょ銀行利用の場合,口座番号は記号と番号の13桁を記入してください。また,入札保証金提出者（買受申出人）本人と振込先金融機関の口座名義人が異なるときは,「口座名義人の住所」及び「口座名義人の氏名」等に必要事項を記入してください。

5　執行裁判所の預金口座（入札保証金の振込先）は,次のとおりです。

振込先金融機関		三井住友銀行目黒支店
受取人	預金種目	当 座 預 金
	口座番号	6 2 0 1 7 8 3
	(フリガナ)	トウキョウチサイシッコウ　　センター
		東 京 地 裁 執 行 セ ン タ ー

共同入札買受許可申立書

東京地方裁判所執行官　殿

年　　　月　　　日

事　件　番　号	年（　）第　　　号
物　件　番　号	
開　札　期　日	年　　　月　　　日

申立人及び持分の割合	1	住　所		持　分
		氏　名	印	
	2	住　所		持　分
		氏　名	印	
	3	住　所		持　分
		氏　名	印	
	4	住　所		持　分
		氏　名	印	
	5	住　所		持　分
		氏　名	印	

共同入札の事由	申立人の続柄	□夫婦　□親子　□兄弟　□その他（　　　　　　　　）
	入札物件との関係	□なし　□あり（　　　　　　　　　　　　　　　　　）
	買受後の利用予定	□住居　□賃貸　□その他（　　　　　　　　　　　　）

| 添　付　書　類 | □住民票　　　通　・　□戸籍謄抄本　　　通 |
| | □資格証明書　　　通　・　□その他　　　通 |

| 執行官の処分 | □許可する
□許可しない | 年　　　月　　　日

東京地方裁判所執行官　　　　　　　　　　　　　印 |

（共 同 入 札 用）

入 札 書（期 間 入 札）

年　　月　　日

東京地方裁判所執行官　殿

事 件 番 号			年（　　）第				号	物件番号		

入 札 価 額		百億	十億	億	千万	十万	万	千	百	十	一	
												円

入 札 人	本 人	住所又は所在地	〒　　　　－
		（ フ リ ガ ナ ） 氏名又は名称 代表者の資格及 び氏名(法人の場 合のみ記載)	印 日中連絡先電話番号　　　　（　　　　）
		住所又は所在地	〒　　　　－
		（ フ リ ガ ナ ） 氏名又は名称 代表者の資格及 び氏名(法人の場 合のみ記載)	印 日中連絡先電話番号　　　　（　　　　）
		住所又は所在地	〒　　　　－
		（ フ リ ガ ナ ） 氏名又は名称 代表者の資格及 び氏名(法人の場 合のみ記載)	印 日中連絡先電話番号　　　　（　　　　）
		住所又は所在地	〒　　　　－
		（ フ リ ガ ナ ） 氏名又は名称 代表者の資格及 び氏名(法人の場 合のみ記載)	印 日中連絡先電話番号　　　　（　　　　）
	代理人	住所又は所在地	〒　　　　－
		（ フ リ ガ ナ ） 氏名又は名称 代表者の資格及 び氏名(法人の場 合のみ記載)	印 日中連絡先電話番号　　　　（　　　　）

※　必ず裏面の注意書きを参照して，誤りの
ないように記載してください。

暴力団員等に該当しない旨の陳述書

※該当する□にチェックを入れてください。

陳述書
（買受申出人（個人）本人用）

横浜　地方裁判所　　　　支部　執行官　殿

事件番号	□平成 □令和　　　年（　）第　　　号	物件番号	

陳述	私は，暴力団員等ではありません。		
	私は，暴力団員等又は暴力団員等が役員である法人の計算において買受けの申出をする者ではありません。		
	（該当する者【※注意書9参照】がいる場合のみ□にチェックし，別紙を添付する。該当する者がいない場合には□にチェックしない。）		
	□	自己の計算において私に買受けの申出をさせようとする者は，別紙「自己の計算において買受けの申出をさせようとする者に関する事項」記載のとおりです。 （注意書9参照） 　この者は，暴力団員等又は暴力団員等が役員である法人ではありません。	

（陳述書作成日）令和　　　年　　　月　　　日

買受申出人（個人）	本人	住　所	〒　　－
		（フリガナ）	
		氏　名	㊞
		性　別	□　男性　　　□　女性
		生年月日	□昭和 □平成　　　年　　　月　　　日 □西暦

注　　意

1　陳述書は，一括売却される物件を除き，物件ごとに別の用紙を用いてください（鉛筆書き不可）。
2　事件番号及び物件番号欄には，公告に記載された番号をそれぞれ記載してください。事件番号及び物件番号の記載が不十分な場合，入札が無効となる場合があります。
3　本用紙は，買受申出人が個人の場合のものです。法人の場合は，法人用の用紙を用いてください。また，買受申出人に法定代理人がある場合（未成年者の親権者など）は，買受申出人（個人）法定代理人用の用紙を用いてください。
4　共同入札の場合には，入札者ごとに陳述書及び添付書類を提出してください。
5　「暴力団員等」とは，「暴力団員による不当な行為の防止等に関する法律（平成3年法律第77号）第2条第6号に規定する暴力団員又は暴力団員でなくなった日から5年を経過しない者」を指します。
6　陳述書は，氏名，住所，生年月日及び性別を証明する文書（住民票等）を添付して，必ず入札書とともに提出してください。提出がない場合，入札が無効となります。
7　氏名，住所，生年月日及び性別は，それらを証明する文書のとおり，正確に記載してください。記載に不備がある場合，入札が無効となる場合があります。
8　買受申出人が最高裁判所指定の許認可等を受けた事業者の場合には，その免許を受けていることを証明する文書の写しを提出してください。
9　自己の計算において買受けの申出をさせようとする者（買受申出人に資金を渡すなどして買受けをさせようとする者をいいます。）がある場合は，別紙「自己の計算において買受けの申出をさせようとする者に関する事項」の添付が必要です。
10　提出後の陳述書及び添付書類（別紙を含む）の訂正や追完はできません。
11　虚偽の陳述をした場合には，6月以下の懲役又は50万円以下の罰金に処せられることがあります（民事執行法213条）。

印

※該当する□にチェックを入れてください。

陳述書
（買受申出人（法人）代表者用）

横浜　地方裁判所　　　　支部　執行官　殿

事件番号	□平成 □令和　　年（　）第　　　号	物件番号	

陳述	当法人は，暴力団員等が役員である法人ではありません。 当法人は，暴力団員等又は暴力団員等が役員である法人の計算において買受けの申出をする者ではありません。 （該当する者【※注意書9参照】がいる場合のみ□にチェックし，別紙を添付する。該当する者がいない場合には□にチェックしない。） □　自己の計算において当法人に買受けの申出をさせようとする者は，別紙「自己の計算において買受けの申出をさせようとする者に関する事項」記載のとおりです。 （注意書9参照） この者は，暴力団員等又は暴力団員等が役員である法人ではありません。

（陳述書作成日）令和　　　年　　　月　　　日

買受申出人（法人）	代表者	法人の所在地	〒　　－
		法人の名称	
		（フリガナ） 代表者氏名	印
		役員	別紙「買受申出人（法人）の役員に関する事項」のとおり

注　　意

1　陳述書は，一括売却される物件を除き，物件ごとに別の用紙を用いてください（鉛筆書き不可）。

2　事件番号及び物件番号欄には，公告に記載された番号をそれぞれ記載してください。事件番号及び物件番号の記載が不十分な場合，入札が無効となる場合があります。

3　本用紙は，買受申出人が法人の場合のものです。個人の場合は，個人用の用紙を用いてください。

4　共同入札の場合には，入札者ごとに陳述書及び添付書類を提出してください。

5　「暴力団員等」とは，「暴力団員による不当な行為の防止等に関する法律（平成3年法律第77号）第2条第6号に規定する暴力団員又は暴力団員でなくなった日から5年を経過しない者」を指します。

6　陳述書は，必ず入札書とともに提出してください。提出がない場合，入札が無効となります。

7　所在地，名称及び代表者氏名は，資格証明書（代表者事項証明，全部事項証明等）のとおり，正確に記載してください。記載に不備がある場合，入札が無効となる場合があります。

8　買受申出人が最高裁判所指定の許認可等を受けた事業者の場合には，その免許を受けていることを証明する文書の写しを提出してください。

9　自己の計算において買受けの申出をさせようとする者（買受申出人に資金を渡すなどして買受けをさせようとする者をいいます。）がある場合は，別紙「自己の計算において買受けの申出をさせようとする者に関する事項」の添付が必要です。

10　提出後の陳述書及び添付書類（別紙を含む）の訂正や追完はできません。

11　虚偽の陳述をした場合には，6月以下の懲役又は50万円以下の罰金に処せられることがあります（民事執行法213条）。

（別紙）
※該当する□にチェックを入れてください。

買受申出人（法人）の役員に関する事項						
1 □代表者	住　所	〒　　　－				
	（フリガナ）					
	氏　名					
	性　別	□　男性		□　女性		
	生年月日	□　昭和 □　平成　　　　年 □　西暦			月	日
2	住　所	〒　　　－				
	（フリガナ）					
	氏　名					
	性　別	□　男性		□　女性		
	生年月日	□　昭和 □　平成　　　　年 □　西暦			月	日
3	住　所	〒　　　－				
	（フリガナ）					
	氏　名					
	性　別	□　男性		□　女性		
	生年月日	□　昭和 □　平成　　　　年 □　西暦			月	日
4	住　所	〒　　　－				
	（フリガナ）					
	氏　名					
	性　別	□　男性		□　女性		
	生年月日	□　昭和 □　平成　　　　年 □　西暦			月	日

注　　　意

1　買受申出人が法人の場合は，本書面の提出が必要です。提出がない場合，入札が無効となります。
2　役員全員（代表者を含む）の氏名，住所，生年月日及び性別を正確に記載してください。記載に不備がある場合，入札が無効となる場合があります。
3　役員の氏名，住所，生年月日及び性別などを証明する文書（住民票等）の添付は不要です。
4　役員が5人以上の場合は，本用紙を複数枚用いてください。
5　提出後の本書面の訂正や追完はできません。

4 入札書を提出する

　入札書など所定の書類をすべて揃えたなら，いよいよ裁判所へ提出することになる。受け付けるのは執行官室である。提出にあたっては，所定の封筒（次ページ見本参照）に入札書のみを入れ，のり付けなどして，きっちり封をする。そして封筒の表に開札期日，事件番号，物件番号を記載しなければならない。

　入札書の入った封筒とその他の書類を一緒にして係の人に手渡すと「受取書」（次ページ見本参照）がもらえる。

　これで入札手続は完了する。なお，入札書類の提出は郵送でも行うことができる。

　郵送の場合，先に述べた入札書類をさらに大きな外封筒に入れたうえ，裁判所の執行官室宛に「書留郵便」にて発送する。

　このとき，入札保証金振込証明書が電算処理などのため折り曲げが不可の場合がある。したがってこの用紙を折り曲げずに済む程度の大きさの封筒を用意しなくてはならない。しかし，書類の不備などのおそれもあるので，入札はなるべく持参にて行うほうがよいだろう。

入　札　書　在　中

東京地方裁判所

開札期日	年　月　日午前９時30分
事件番号	年　（　）第　　　号
物件番号	

（注意）
1 この封筒には入札書のみを入れて必ず
　封をすること
2 入札書以外の添付書類は，持参の場合
　はこの封筒と共に執行官に提出し，郵
　送の場合はこの封筒と共に外封筒に入
　れて同封すること
3 開札期日，事件番号，物件番号の各欄
　は，正確に記載すること
　記載がないもの，記載が誤っているも
　のは，開札に加えられないことがある。

受　取　書

殿

あなたから差し出された下記開
札期日の入札書を封入した封筒
を受け取りました。

記

年　　月　　日午前９時30分

年（ケ）○○○

担当者

東京地方裁判所執行官
この受取書は開札期日までに保存してください。

5 開札から売却決定まで

　入札が終わるとあらかじめ公告で指定された日時，場所で開札が行われる。東京地方裁判所の場合，入札期間終了から1週間後に裁判所（民事執行センター）内の「売却場」にて実施されている。

　開札は，まず入札書の開封から始める。入札期間内に集まった入札書を封筒から出し，入札物件ごとに仕分けをするのである。そして対象物件ごとに入札結果を執行官が読み上げていく。そのうえで，執行官は最高の入札価額を発表し，それを付けた入札人を「**最高価買受申出人**」と決定した旨を告げるのである。

　このとき，同時に「**次順位買受申出人**」に該当する入札人があれば，その入札人の氏名も入札価額とともに告げられる。この次順位買受申出人とは，最高価買受人が，代金を所定の期日までに支払わず，売却不許可となったときに，その物件を買い受けることのできる者である。次順位買受申出人となる条件とは，

①最高価買受申出人に次ぐ高額の価額で入札したこと

②入札価額が買受可能価額（売却基準価額の20％減）以上であること

③入札価額が最高価買受申出人の入札価額から，買受申出の保証金の額を差し引いた金額以上であること

④入札書の記載など間違いなく，適法であることとなっている。

　具体的には，売却基準価額1,000万円の物件で，最高価買受申出人が1,100万円の入札価額であった場合，次順位買受申出人となるためには，次に示す計算のとおり，二番目に高額であり，かつ900万円以上で，入札していなければならないのである。

　売却基準価額………1,000万円(A)

　買受可能価額（(A)×0.8）………800万円(B)

　最高価買受の申出額……1,100万円(C)

　あらかじめ預託した保証の額…1,000万円(A)×20％＝200万円(D)

(C)−(D)………900万円(E)

(E)＞(B)なので900万円以上の入札価額であれば，次順位買受申出人になれる。

さて，この次順位買受申出人は，開札の折に執行官に申し出ない限り，その権限はもらえないので注意を要する。開札には入札者は必ずしも立ち

```
                                         年 （  ）第        号

                    売 却 許 可 決 定

      住  所
      氏  名

        上記の者は，別紙物件目録記載の不動産について

                    金                 円

        の額で最高価買受けの申出をしたので，売却を許可する。




            年    月    日
        東京地方裁判所民事第21部
            裁判官
```

会わなくともよい（このため，開札には裁判所の職員が一人必ず立ち会っている）。しかし，次順位買受申出はその場に居合わせなければできないのである。なお，実際にはこの次順位買受申出をする者はあまりいない。というのも，大抵の場合は最高価買受申出人が代金を納めるし（代金を納付しないと保証金を没収されてしまう），さらに，次順位買受申出をすると自分が預けている保証金も，この最高価買受申出人の代金納付期日までは裁判所から返金してもらえないというデメリットがあるからである。

最高価買受申出人となった者は，開札期日から数日後（東京地裁の場合）に開かれる売却決定期日に売却許可決定がなされると，晴れて「**買受人**」となる。そして，売却許可決定は公告される。東京地裁では，民事第21部にその公告された文書を掲示している（前ページ参照）。

なお，売却決定が不許可になるのはどんな場合かというと，まず，裁判所側から不許可とする場合では，

①買受人が未成年や成年被後見人であったり，その競売事件の債務者などであった場合（買受資格がない）

②買受人が，以前に同物件を落札したのに代金を納付しなかったなどで買受能力がないと判断された場合

などである。

また，買受人等が裁判所側に不許可にしてもらう場合では，

①対象不動産が許可決定前に損傷してしまった場合

②裁判所の記録と現況が著しく違うなど裁判所側に重大な誤りがあった場合

などである。

一般的には不許可ということはあまりない。なお，落札して代金を納付しないと，保証金を没収されるうえに，当該物件に対して次に入札しても，売却不許可となってしまう。

売却許可決定後は，申請すれば裁判所から「**売却許可決定謄本**」（前ページ参照）や「**売却許可決定証明書**」の交付を受けられる。

6 代金納付と登記の移転

　売却許可決定後，この決定が執行抗告（後に説明する）がなく確定すると，**代金納付期限通知書**が買受人に送られてくる（次ページ参照）。東京地裁では売却許可決定後，約2週間後である。代金納付期限通知書には，代金の納付期限，納めるべき代金額（先に支払った保証金を控除した落札価格の残金）および用意すべき書類が記載されている。また，最近東京地裁では納付すべき代金額があらかじめ記載された振込用紙も同封されている。

　納付にあたって，用意すべき書類のうち固定資産評価証明書について

不動産競売以外の公的不動産売却

　本書が対象としているのは「競売不動産」ですが，競売以外でもお役所が介在する次のような不動産売却があります。

1．国・公有財産売払い物件

　国・地方自治体が所有している財産で，各省庁（局）で競争入札などにより売却される物件です。

　購入方法については競売と同様入札方式ですが，落札者は別途国・地方自治体と売買契約を結びます。物件内容については比較的大きめの土地が主流です。国・地方自治体が（税金の物納などで）所有している不動産を一般の方に売却するわけなので，競売不動産と異なり，安心して買える物件といえるでしょう。その分お値段の方は割引なしの水準，市場価格並みになります。

2．不動産公売物件

　不動産公売とは，各地方自治体・国が税金の滞納分に充当するため，滞納者が所有する不動産を差し押さえ，競争入札により売却する制度で，窓口は国税局や都道府県税事務所，市区町村と多岐にわたります。

　公売不動産の売主はあくまでもその所有者（税金滞納者）ですので，購入後占有者から物件の引渡しを受けるのは買受人の手によって行わねばなりません。この点不動産競売と同じです。しかし，公売不動産には「引渡命令」制度がありませんので，引渡しを拒否されたときは明渡訴訟を提起せねばなりません。

　上記売払いもしくは公売物件の情報を得るには，インターネットでアットホームのホームページ（http://www.athome.co.jp/）の「官公庁物件情報」を見ると便利です（106ページcolumn，109ページもご参照ください）。

年　（ケ）第　　　号

代 金 納 付 期 限 通 知 書

殿

　年　　月　　日
東京地方裁判所民事第21部
　裁判所書記官

　別紙物件目録記載の不動産について，あなたに対する売却許可決定が確定し，代金納付期限が　　年　　月　　日と定められたので通知します。当裁判所の事務の都合上あなたの納付については，　年　月　日の午前　時　分を予定していますので，同日時に当部不動産配当係（東京地方裁判所民事執行センター3階（目黒区目黒本町二丁目26番14号））に出頭してください。

　なお，あなたが納付すべき代金の額は，次のとおりです。

　金　　　　　　円

〈東京地裁の例〉

は，その物件を管轄する税務事務所（東京23区は，いずれの都税事務所でも全区内の物件の評価証明書が取れる）にて交付を受けておく。このとき，注意すべきは，本来この評価証明書は所有者にしか発行されないこととなっていることだ。買受人はまだ代金を払っていないので所有者ではない。そこで，買受人はこの代金納付期限通知書原本を持参し，証明書の交付を受けなければならない。

　また，登記簿謄本については，なるべく代金納付期日に近いものを用意すべきだろう。まれに差押登記後に第三者が何らかの登記をしている場合がある。これらの登記は，もちろん抹消されるべきものだが，登記手続上支障が生じるので，古い謄本は避けたい。

　次に登録免許税であるが，先述の固定資産評価額に基づいて，買受人の方で計算することとなる（計算方法は187ページ以下の記載参照）。ただし，道路扱いとなっていて固定資産税が非課税となっている土地などは，計算違いが生じることもあるので，事前に裁判所に確認したい。なお，FAXなど利用し，裁判所の方に計算結果を固定資産評価証明書の写しを添えて送付すると，書記官にチェックしてもらえる。

代金納付手続に関する御説明（抄）

東京地方裁判所民事第21部不動産配当係

第1　今後の手続の流れ
6　代金納付手続のための来庁
⑴　来庁の日時・場所

　　代金納付期限通知書記載の日時に，民事執行センター３階不動産配当係のカウンター（カウンター番号は，末尾の案内図に示してあります。）にお越しください。

⑵　御持参いただくもの

①　代金納付期限通知書		②　代金振込みの受領書	
③　登録免許税の領収証書		④　固定資産評価証明書	
⑤　資格証明書又は住民票		⑥　登記簿謄本（登記事項証明書）	
⑦　買受申出の時使用した印鑑		⑧　登記手続に要する郵便切手	

第3　期限までに代金を納付できなかった場合（御注意）
1　代金を納付できなかった場合のペナルティー

　　競売手続で万一期限までに代金を納付できなかった場合，買受人には次のようなペナルティーが科されます。

①　保証金の返還は，求められません（民事執行法80条１項）。

②　その事件については再び買受人となることはできません（同法71条４号ロ）。

2　代金納付期限の延期について

　　代金納付期限通知書に記載された代金納付期限は，納付の最終期限ですので，その延期（期限の延長）はできません。もっとも，天災等の特別な事情にある場合は，例外的な取扱いがされる可能性はありますが，単に融資準備のためという理由で延期が認められることはありませんので十分御留意ください。

第4　所有権移転登記とともに抵当権設定登記をしたい場合
1　民事執行法82条2項の申出

　　代金の融資を受けるため，競売による所有権移転登記と同時に，買い受けた不動産に抵当権設定登記をする必要があるときは，「民事執行法82条２項の申出」をしてください。この申出があれば，来庁日に，司法書士又は弁護士に登記嘱託書をお預けしますので，その嘱託書とともに抵当権設定登記申請書を提出することができます。

2　申出の時期及び方法

　　この申出は，来庁予定日の５日前まで（土日，祝日などの裁判所閉庁日を除いて計算します。）に書面でしてください。その日を過ぎても申出自体はお受けできますが，登記嘱託書のお渡しが遅れます（来庁日の翌日又は翌々日となります。）。

準備ができたら指定の日時に代金納付手続に行く（東京地裁の場合は民事第21部不動産配当係）。なお，代金納付日時は希望により早めることができる。この場合は，担当の書記官とあらかじめ打合せすることが必要だ。通常は売却決定許可から40日後程度の納付期限日が設定されているので，明渡しなどの問題を早く解消できたときなどは，前倒しに納付したほうがより早く使用したり，転売したりすることができる。逆に代金納付期限の延期は，天災地変などで対象物件が滅失したり毀損した場合などの他は，認められない。資金繰りの都合などでは一切延期できないので注意を要する（代金不納付の場合については49ページ参照）。

　代金納付が終わると，裁判所は法務局に嘱託登記を依頼する。管轄法務局はこれを受け，所有権の移転と抵当権や抹消すべき賃借権の抹消登記を行う。ただし，有効な賃借権の登記など抹消されない登記がある。しかし，通常は所有権移転に伴い，その他の登記はきれいに消え，２週間程度で登記識別情報通知および登記完了証が買受人の手元に送付されてくるのである（53ページ参照）。なお，買受人の希望があれば，裁判所に買受人の指定した司法書士などへ，法務局への嘱託書をあらかじめ渡してもらうことができる（次ページの「**民事執行法82条２項の申出**」の記載参照）。これにより，銀行などの抵当権の設定を，買受人への所有権移転登記と同時に行うことができ，代金納付を銀行などの融資金で充てられる。

民事執行法８２条２項の規定による申出書

東京地方裁判所民事第21部裁判所書記官　殿
　　年○月○日

東京都新宿区○○×丁目×番×号

申出人（買取人）　　○○　○○印

東京都千代田区○○×丁目×番×号

申　　出　　人　　株式会社△△銀行

代表者　代表取締役　　○○　○○　印

御庁　　年（ケ）第○○○○号担保不動産競売物件について、申出人（買受人）
○○○○と申出人株式会社△△銀行との間で、別紙物件目録記載の不動産に関
する抵当権設定契約を締結しました。

つきましては、民事執行法８２条１項の規定による登記の嘱託を、同条２項の
規定に基づき、申出人の指定する下記の者に嘱託書を交付して登記所に提出さ
せる方法によってされたく申し出ます。

記

申出人の指定する者の表示及び職業

　　　東京都港区○○×丁目×番×号　△△司法書士事務所

　　　　司法書士　　　○○　○○

　　　（電話０３-××××－××××）

添付書類

　　１　資格証明書　　　　　　　　１通
　　２　抵当権設定契約書写し　　　１通

以　　上

▲民事執行法82条２項の申出
※上記申出書の他、司法書士の「指定書」も必要となる
　詳細は裁判所担当書記官に確認のこと。

権利証は過去のものに

　不動産といえば「権利証」がその所有の証。たぶん今でも日本国民の多くがそう思っているのではないでしょうか。実は2005年3月7日から施行された改正不動産登記法によって順次この「権利証」は姿を消していくことになったのでした。代わりに登場したのが，「登記識別情報」というものです。これは登記名義人に与えられる12桁の英数字のことです。いってみればパスワードみたいなもので，登記が終わると，新登記名義人に登記所から通知されます。

　具体的には右のような形で通知されます。登記識別情報のところにはシールが貼ってあります。

　さて，その後この登記識別情報をもらった登記名義人が，売買などで登記義務者として所有権移転登記等を申請する場合は，登記申請の前に原則この登記識別情報の提供を登記所から求められることになります。

　権利証（正確には登記済証）が物理的「書面」を指すのに対して，登記識別情報は物ではなく「情報」そのものであり「パスワード」です。パスワードですから本来は他人に知れず記憶しておくものでしょうが，とても無理ですので，登記識別情報が記載された通知書を（パスワードのシールを剥がさず）しっかり金庫などに入れて保管することになります。

　そういう意味では，一般人にとっては従前とあまり変わりがないかもしれません。

登記識別情報通知

次の登記の登記識別情報について、下記のとおり通知します。

【不動産】
東京都○○区○○△丁目○○番○○の土地

【不動産番号】
　１２００００００９９５９５
【受付年月日・受付番号（又は順位番号）】
　　　　　年　　月　　日受付　第　　　号
【登記の目的】
　所有権移転
【登記名義人】
　東京都○○区○○△丁目○○番地
　株式会社××××

　　　　　　　　　（以下余白）

＊下線のあるものは抹消事項であることを示す。

　　　　　　　年　　月　　日
　　　東京法務局
　　　登記官　　　　○　○　○　○　

7 特別売却物件を買う

　期間入札で入札者がない，いわゆる売れ残り物件については，通常特別売却になる。**特別売却**とは，分かりやすくいえば先着順の販売ということだ。販売価格は期間入札のときの買受可能価額以上である。特別売却の具体的な方法は，法令によって定められてはおらず，したがって裁判所によって実施の仕方が違ってくる。東京地裁においては，期間入札にて応札がなかった物件は，開札日の翌開庁日から特別売却が実施される。期間は現在5日間（閉庁日を除く）となっている。さらにこの特別売却でも買い手が現れない場合，裁判所は原則として売却基準価額を見直すこととなる。そして見直された売却基準価額をもって再度期間入札を実施するのである。東京地裁の場合，再度の期間入札は特別売却期間終了後，3ヶ月以降に行われる（ただし，裁判所は入札を3回実施しても売却されない物件は，競売手続を原則停止する）。

　さて，**特別売却物件**の実際の購入は執行官室に備え付の申込書に必要事項を記入する方法で行う。そして，期間入札と同じく，売却基準価額の20％相当額を執行官室に提供する。入札保証金は期間入札と同様，所定用紙での振込みでも可だが，裁判所で入金確認がとれるまでは申込書を提出していても正式な申込みにはならない。この入金確認の間，後から申込みをする人が保証金を現金で支払うと，その申込人の方が優先される。したがって保証金は通常現金で支払われることが多い。保証金の支払いが終わると，その後に売却決定期日についての通知書が郵送されてくる（東京地裁においては保証金支払いから2週間後の日が売却決定の日となる）。その後は期間入札と同じ流れとなる。さて，特別売却物件はいわば売れ残りであり，良い物件があるのか気になるところだ。やはり，期間入札で買受人が現れない物件だけに魅力に劣る。しかし，なかには割安な物件もあり，そういった物件の場合，開札日以降まもなく応札されている。競売物件入札業者の中には買えるかどうか分からない期間入札でなく，先着順で確実

に購入できるこの特別売却物件を好んで扱っている業者もあった。ただし昨今では，東京地裁などでも期間入札でほとんどの物件が売却されているので，特別売却での入手チャンスは少ない。特別売却物件の購入を考える場合，期間入札の開札結果を注視する必要がある。期間入札で落札されなかった物件を迅速に把握し，良い物件であれば素早く購入手続をとらねばならない。何しろ早い者勝ちである（ただし，東京地裁などでは昨今ほとんど期間入札で売却されていて特別売却物件は少ない）。そのためには，開札に立ち会うなどして落札結果についての情報をタイムリーに入手せねばならない。

8 執行抗告について

　前にも述べたが，入札にあたり保証金の振込みを行う前には執行官室に「取下げ」や「取消し」または「停止」の有無を確認したい。保証金を振り込んでも，最初から買受けできる見込みはなく無駄足を踏むことになるのだから。

　しかし，厄介なのは入札し，落札できたあとに，「**執行抗告**」という名のクレームが，競売不動産の所有者などから出た場合である（下記Column参照）。これがなされれば，売却許可決定は確定せず，代金納付はできないのである。執行抗告は，比較的簡単にできてしまうため，行われることが珍しくはない。競売不動産の所有者が少しでも長く住んでいたいときなどや，占有者などが，明渡費用交渉の道具として利用するときなどに行われるのである。かつてから執行抗告を競売不動産所有者などから請け負う業者もあり，あらかじめ，そういった業者がDMや宅訪を行っていることがある。なお，執行抗告は売却決定公告後1週間以内に行わねばならないことになっている。また，引渡命令に対してもこの執行抗告が行えることになっているので注意したい。

　なお，この執行抗告はそのほとんどが却下される運命なのだが，それで

column

競売手続における不服申立方法

　民事執行法上，競売手続における各種の決定や処分に不服のある者には，執行抗告または執行異議という不服申立方法が認められている。執行抗告，執行異議の法律的な説明は本書の目的ではないので省略するが，買受人にとっての問題は，こうした申立てが手続の引延しや明渡交渉のために利用されることである。本来こうした不服申立ては競売手続に

おける決定や処分が，法定の要件や手続に違反した場合に，それを是正するための制度である。しかし法律違反（申立理由）がなくても，申立てがなされた以上，裁判所（高等裁判所）は審理しなくてはならないため，どうしても時間がかかる。

　たとえば，買受人が入札し，売却許可決定が出た場合，物件の所有者は，決定の言い渡しの日から1週間以内は，執行抗告の申立てができる（裁判所に申立書を提出する……法

もその却下に時間を要する場合がある。その大きな理由は，原則この執行抗告の審理を上級裁判所で行わねばならないことにある。例えば，東京地裁が執行裁判所であるならば審理を行うのは東京高裁になり，事件記録の受渡しだけでも相当の時間を要するのである。

　1998年10月，執行抗告が不当に使用される状況を鑑み，民事執行法が改正され競売手続を不当に遅延させる目的で行われる執行抗告は，売却許可決定をした地方裁判所で却下できることとした。これによって，従来2〜3ヶ月要した却下までの時間が1ヶ月以内に短縮されることとなった。

　しかし，すべての執行抗告が地方裁判所で却下されるわけではない。

　さて，執行抗告は債務者や所有者からのみならず，買受申出人のほうからも行えることを付け加えておく。例えばそれは対象物件に関し，物件明細書の記載と現状が異なっていることが発見された場合などである。

　競落し，買受申出人となったら，再度物件の現地の状況などはチェックしておくとよいだろう。

第74条，第10条2項）。次いで申立書を提出した日から1週間以内に，理由書を提出すればよい（法第10条3項）。この期間内に理由書が提出されなければ申立ては却下されるが（法第10条5項），提出されれば理由の有無を高等裁判所が審理するため（通常は書面審理のみ），さらに最低でも1・2週間はかかる。結局これだけで1ヶ月近くが経過してしまうのである。

　しかし，1998年10月の民事執行法の改正において，手続を不当に遅延させることを目的としてなされた執行抗告は，売却許可決定した地方裁判所において却下することができることとなった（法第10条5項4号）。

執行抗告状

年〇月〇日

東京高等裁判所御中

〇〇区△□

抗告人〇〇〇〇

　東京地方裁判所　　年（ケ）第××××号不動産競売事件につき、同裁判所が　　年△月□日言い渡した売却許可決定に対し、執行抗告をする。

抗告の趣旨

原決定を取消す
△△△△に対する売却を不許可とする。
との裁判を求める。

抗告の理由

抗告人は、上記不動産競売事件の債務者兼所有者であるが上記売却許可決定は、本件不動産の適正な価格を大幅に下回る価格によってなされたもので、重大な誤りがあり違法である。

1 事件記録を調べる

　競売不動産を調べる第一歩は，前述のとおり，まずは，裁判所の資料をあたることにある。裁判所の資料閲覧室は，誰でも資料の閲覧ができる。

　また，現在多くの入札検討者は，インターネット上に公開された **BITシステム**（9ページColumn参照）でまずは資料の内容を確認している。

　ところで，競売不動産は，債権者の競売申立てによって生まれる。このとき債権者は一つの申立てで，一つの不動産だけを対象にするとは限らない。

　複数の不動産を一度に競売対象にすることもできるわけだ。

　したがって，目星を付けた物件を調べるべく，資料（事件記録）を見ようとすると，他の不動産のものも一緒になっていることがある。

　裁判所は事件番号ごとに資料を作ってある。こういった場合に注意すべきことは，購入を検討している物件のみを入札できるか，ということである。なかには，他の不動産と抱き合わせでなければ，入札できないこともある。

たとえば，同じ一棟内のマンションの数室をバラ売りせずに，まとめて売却基準価額を設定し，入札対象とするケースなどがある。こうした場合，自分が欲しい部屋のみを，入札することはできない（一括売却）。もっとも，裁判所としては，入札促進のため，なるべく個別物件ごとに入札できるようにしている。

　さて，実際の資料（事件記録）の内容だが，裁判所で用意しているものは，基本的には次の三点である。

①**物件明細書**

②**不動産評価書**

③**現況調査報告書**

　これらはまとめて「**三点セット**」と呼ばれる。

　まず，「物件明細書」であるが，ここには，裁判所の判断が記されている。いわば，売却の条件を定めているのである。事件記録の主役ともいえよう。

　そして，「不動産評価書」は競売物件の適正な評価を記載したものであり，売却基準価額の根拠となる書類だ。また，競売不動産の都市計画法上の規制などについても，その概略が読みとれる。

「現況調査報告書」は，執行官が対象物件の調査結果をまとめたものである。占有関係を中心とした調査内容が記され，裁判所書記官はこの報告を基に物件明細書を作成する。なお，建物の間取図や写真なども添付されており，建物の内部をうかがうことができる。

　なお，事件記録の閲覧は無料であるが，記録の写しを必要とする場合は，所定のコピー機にて自分でコピーしたうえ，コピー料金を負担しなければならない。

　なお，先の BIT システムで印刷も可能である。ただし，固有名詞はマスキング（黒塗り）処理をされているので，注意したい。（BIT システムで印刷し，マスキング処理の部分を裁判所で確認するのが合理的である。）

　あと，裁判所の事件記録には付いていないが，入札にあたっては，その対象物件の登記簿謄本等を事前に入手し，その内容を確認すべきであろ

う。登記簿謄本等からは，主にその物件が競売に至るまでの履歴が読み取れる。このことは，買受後の明渡交渉などに必要な情報となることが多い。

　以上事件記録の内容の概略を述べたが，以降，各々の資料について，詳細な解説をしていくこととする。

※　裁判所に事件記録を見に行くには，必ず「開札日」と「事件番号」を把握しなければならない。

column

無駄骨調査が付き物⁉ 不動産競売

　入札を希望される投資家の方々がご相談に見えたとき，よく「入札しても開札日の前に取下げになってしまうことがあります。そうすると入札の手間が無駄骨になることもありますので，この点ご了承ください。」と申し上げます。

　取下げはおおむね「**任意売却**」といって競売によらない通常売買により行われます。競売の開札前日まで無条件に取下げが可能なため，場合によっては事前調査のみならず入札手続をすっかり終えたあと対象物件が取り下げられてしまうこともあるわけです。

　また，取下げの他「**取消し**」もしくは「**停止**」という理由で売却が見送られることもあります。これらの売却中止は，利害関係人による売却条件についての異議が認められた場合であるとか，債務者の民事再生の申立てが認められたといった理由から起こります。こういったとき競売物件の公告を見て競売参加をすべく現地や役所等に足を運んだ買受希望者は，作業自体がまったくの無駄骨になって

しまうわけです。ちなみに東京地裁においては，この取下げが売却実施処分後，対象物件の2割程度行われています（これは他の地裁より売却中止になる率が高く，中でも人気エリアの不動産においては特に取下げの確率が高くなっています。やはり不動産の需要が旺盛なところは取下げ率が高いようです）。（ただし，売却が延期されて再度入札になるケースもあります。主に「**変更**」という場合です。）

　また売却実施前，競売不動産の所在等が一般に知れる（裁判所に掲示等行われる）のは「配当要求終期の公告」です（巻頭口絵「不動産競売手続フロー図」ご参照）。競売参加者の中にはこの公告を見て入札の事前準備を行う方もおられます（債務者や債権者等に任意売却の交渉をする方もありますが）。実際この公告から売却実施処分までの間でも相当数の物件が売却中止になっていきます。競売不動産には無駄骨調査が付き物というわけです。

2 物件明細書

　事件記録の一番最初に綴じられているのが，**物件明細書**である。これは，裁判所書記官が作成するもので，買受人が負担する権利などについての裁判所の認識が表わされている。事件記録の最重要書面といえる（次ページ参照）。ただし，物件明細書に記載されていることが絶対的なものではない。あくまでも裁判所の解釈を明示したものであり，記載とは異なる事実関係が明らかになれば，その事実が優先されるので注意をしたい。

＜買受人が負担することとなる他人の権利＞

　物件明細書の中でもまず注目すべきは『３　買受人が負担することとなる他人の権利』の欄である。この欄には買い受けたときに引き継がなければならない賃借権等について書かれる。買った後も，現在その不動産を利用している者に，引き続き利用させる必要がある場合などは，ここに記載される。また，高圧線が上空を通過しているなどして，それについての地役権（承役地）が設定されている場合など，その不動産の利用に一定の制限などを承継しなければならないときもここに記載される。さらにまれに建物の工事代金の支払いを受けていないため債権者である工務店などが一定の工事代金の支払いを買受人から受けるまで当該建物を占有できる権利（留置権）があるような場合もこの欄に記載される（この場合買受人が引き受けるべき弁済額は売却基準価額設定にあたり考慮される）。

　買受人にこういった引き継がなければならない賃借権やその他引受けとなる諸権利がない場合にはこの欄には「なし」と記載される。

　以下は記載されることが多い賃借権についての記載例である。

(1)　最先の賃借権が引受けになる場合

賃借権

　　範　囲　　　　105号室（「１階南側部分」などの表現もある）

　　賃借人　　　　競売太郎

　　期　限　　　　平成25年４月１日（「定めなし」の表現もある）

年（ケ）第○○○号

物　件　明　細　書

東京地方裁判所　民事第21部
年11月2日作成

1　不動産の表示
【物件番号1】
別紙物件目録記載のとおり

2　売却により成立する法定地上権の概要
なし

3　買受人が負担することとなる他人の権利
【物件番号1】
なし

4　物件の占有状況等に関する特記事項
【物件番号1】
丸山正が占有している。同人は本件所有会社の代表者である。

5　その他買受けの参考となる事項
【物件番号1】
管理費等の滞納あり。

≪注　意　書≫

1　本書面は，現況調査報告書，評価書等記録上表れている事実とそれに基づく法律判断に関して，執行裁判所の一応の認識を記載したものであり，関係者の間の権利関係を最終的に決める効力はありません（訴訟等により異なる判断がなされる可能性もあります。）。

2　記録上表れた事実等がすべて本書面に記載されているわけではありませんし，記載されている事実や判断も要点のみを簡潔に記載されていますので，必ず，現況調査報告書及び評価書並びに「物件明細書の詳細説明」も御覧ください。

3　買受人が，占有者から不動産の引渡しを受ける方法として，引渡命令の制度があります。引渡命令に関する詳細は，「引渡命令の詳細説明」を御覧ください。

4　対象不動産に対する公法上の規制については評価書に記載されています。その意味内容は「公法上の規制の詳細説明」を御覧ください。

5　各種「詳細説明」は閲覧室では通常別ファイルとして備え付けられています。このほか，BITシステムのお知らせメニューにも登載されています。

賃　　料	月額50,000円
賃料前払い	なし
敷　　金	10万円（「保証金　○○万円」の表現もある）

　上記賃借権は**最先の賃借権**である（期限後の更新は買受人に対抗できる）。

　抵当権設定などの前，最も早く所有者と上記賃借人が賃貸借契約を結び占有している。この場合買受人がこの賃借権を解約して物件を自己利用することは原則困難である。引き続き物件を賃貸しなければならない。さらに敷金などの賃借人への返還義務があれば，その義務も引き受けることになる（これについては売却基準価額設定のとき考慮される）。

⑵　短期賃借権が引受けになる場合

賃借権

範　　囲	全部
賃借人	競売次郎
期　　限	平成25年11月1日（「定めなし」の表現もある）
賃　　料	月額100,000円
賃料前払い	なし
敷　　金	50万円（「保証金　○○万円」の表現もある）

　上記賃借権は抵当権設定後の賃借権である（期限後の更新は買受人に対抗できない）。

　最も早い抵当権設定には後れる賃借権であるが，賃借人が2004年3月31日以前に賃貸借契約により占有している場合には，従前の**短期賃借権**という権利で記載された期限まで賃借人が賃借できることになっていて，買受人には賃貸する義務が生じる。さらに（1）と同様に敷金などの賃借人への返還義務があれば，その義務も引き受けることになる。ただし，買受人が落札後代金を納付した時点で上記期限が経過してしまっていれば，その権利は消滅することになる。

　また，期限が「定めなし」と記載されている場合は，もし賃借人に明渡しを求めたい場合は買受人は代金納付後，解約予告を賃借人に6ヶ月以上

の予告期間を設定して行わなければならない。

　なおこの短期賃借権は2003年7月に廃止になり，明渡猶与の制度が創設された。したがって，この明渡猶予制度が施行された翌年の2004年4月1日以降に賃借し，占有した者には適用がない。

＜売却により成立する法定地上権の概要＞

　次に『2　売却により成立する法定地上権の概要』の欄だが，ここは主に「**法定地上権**」について，記載される。土地および建物が，同一所有者である場合で，土地または建物だけが競売になったときはどうなるのか。基本的には，このようなときは，その土地上の建物に対し，法定地上権という強固な利用権が，与えられる（131ページ参照）。

　具体的には，建物が競売対象であれば，「本件建物のためにその敷地に法定地上権成立」などと書かれる。その逆に，土地が競売対象ならば，「本件土地につき売却対象外建物（家屋番号○番）のために法定地上権成立」などと書かれる。

　さて，物件明細書の中で，一番その内容がバラエティに富み，理解が難しいのは，『4　物件の占有状況等に関する特記事項』および『5　その他買受けの参考となる事項』の欄である。次に，記載されている内容のうち，いくつかを例示する。

＜物件の占有状況等に関する特記事項＞

　まずは，『4　物件の占有状況等に関する特記事項』については以下のとおりである。

⑴　本件所有者（又は債務者）が占有している

　落札した不動産の占有者が，その不動産の所有者などである場合，裁判所は，買受人の申立てがあれば，引渡命令を発令する。しかし，この引渡命令が発令されるかどうかまでは，記載されない。かつてはその可能性について記載されていたが，現在は占有者とその占有権原しか記載されていないケースが多い。したがって，最終的に引渡命令が発令されるか否かは，入札者が自ら判断しなければならない。この判断の一助として裁判所は

「競売手続ファイル・競売手続説明書」を別途備えている。

(2)　〜が占有している。同人の賃借権は抵当権に後れる。ただし，代金納付日から6ヶ月間明渡しが猶予される

　64ページ(2)の記載のとおり2003年7月に短期賃借権利制度は廃止され，翌2004年4月1日から**明渡猶予制度**は施行された。これによって抵当権の設定に後れる賃借権はすべて買受人に対抗できないことになった。しかし，そうなると抵当権に後れる建物の賃借人は，競売による建物の売却によって突然に退去を求められることになってしまう。そこでこういった場合の建物賃借人を保護するため，当該建物賃借人は，買受人が代金を納付した日から6ヶ月間買受人に対する建物の明渡しを猶予される。ただし，当該建物賃借人は買受人が建物を買い受けた後に，建物の使用の対価を毎月支払わなければならず，もしこの使用の対価を相当の期間を定めた催告を受けても支払わなければ，この明渡しの猶予を受けることができなくなる。なお使用の対価はその建物の相当賃料と同水準の額となる。

　また，明渡し猶予期間は使用の対価の支払いがある限り，当該建物賃借人に対して引渡命令は発令されない。ただし，明渡しの猶予期間が終わった場合および使用の対価の支払いがなされない場合は原則引渡命令が発令される（なお買受人の引渡命令の申立て期限は通常代金納付後6ヶ月であるが，明渡しの猶予対象者については代金納付後9ヶ月まで認められる）。

(3)　〜の賃借権は，差押え後に期限が経過するものである

　これは，競売手続が進行し，差押後，入札を迎えるときに至り，当初その建物に認められた短期賃借権の期間（建物3年間，土地5年間）が，経過してしまっているときなどに使われる表現であり，原則引渡命令の対象となる（64ページ(2)参照）。

(4)　〜の主張する賃借権は正常なものと認められない

　本来賃借権は，その建物を，利用することを目的として，設定されるものである。ところが，競売不動産においては，そうした通常の賃借権ではないものが多々ある。たとえば，金銭を貸し付けた見返りとして，設定さ

れる賃借権などがある。

　貸し付けた金額相当分を敷金等とし，その建物の利用権を手に入れ，毎月の家賃と返済金とを相殺する方法である。

　金銭を貸し付けた方が，自らその建物を使う必要がなければ，これを又貸しし，賃料を収受するのである。

　こういった種類の賃借権は，「債権回収目的の賃借権と認める。」などと記載されることもある。また，他にも正常な賃借権でないものの例としては，競売手続妨害のため，形式的に身内や，第三者に賃貸した形をとっている場合などがある。これらの賃借権は否認されるべきものであり，原則的には引渡命令の対象となる。

⑸　〜が占有している。同人の占有権原は使用借権と認められる

　賃料の支払いがなく，建物所有者の了解を得たうえ，使用している状態である。いわゆる**使用借権**と呼ばれるものだ。

　たとえば，親戚に使用させている場合や，賃料なしで社宅として利用させている場合などだ。

　使用借権者に対して，買受人は明渡しを請求でき，原則引渡命令の対象となる。

＜その他買受けの参考となる事項＞

　次に『5　その他買受けの参考となる事項』について以下のとおり例示する。

⑴　管理費の滞納あり

　マンションなどでは，部屋の所有者（区分所有者）は管理費や修繕積立金を負担する。しかし，競売にかかったマンションの多くは，こういった管理費用が相当の期間支払われていないことがある。この場合，その旨を記載するのである。区分所有法によれば，滞納された管理費用は，新たに区分所有者となった買受人が負担することになる。

　したがって，通常その滞納額相当を，売却基準価額の評価の際，差し引くことになる。しかし，現実的には，売却基準価額の評価時点の金額であ

ることもあるので，入札の折には管理会社などに金額の再確認をせねばならない。

(2) 売却対象外建物あり

これは，競売の申立対象となっている土地の上に，申立対象外の建物が建てられていて借地権などの敷地の利用権がない場合に，用いられる記載だ。

ただし，同じ売却対象外建物でも，抵当権が設定された当時，その建物が存在し，かつ，所有者が，土地所有者と同一のときについては，その建物について「法定地上権」が認められるわけで，この場合においては，先に説明した『2　売却により成立する法定地上権の概要』の欄に原則記載される。

こういった法定地上権の対象となる売却対象外建物を除き，この売却対象外建物が存在する場合は，競売手続の妨害に利用されているケースが多い。

買受人は，土地購入後，この売却対象外建物の排除を請求できる。

しかし，いざそれを実行するにあたっては，苦労があるだろう（Part 4「買受後の問題について」で詳しく説明する）。

(3) 本件建物のためにその敷地（地番○番，地積○平方メートル，所有者○○）につき借地権（賃借権）が存する。買受人は，地主の承諾又は裁判等を要する

借地権付建物を競落した場合，地主に賃貸借契約を引き継いでもらうべくいわゆる名義書換の承諾を買受人が取り付けなければならない。この名義書換には地主への通常承諾料の支払いを必要とする。この承諾料の金額やその他の条件で地主と折り合いが付かない場合は，代金納付から2ヶ月以内に裁判所に対し「**土地賃借権譲受許可**」の申立てをして裁判所に地主に代わって承諾してもらうことができる（譲受許可の申立てに代えて調停の方法で地主に承諾を得るケースもある。135ページ Part 5「3　借地権付建物」参照）。

⑷　建物収去・土地明渡しの訴訟あり

　建物のみの競売不動産で，このような記述があれば，買受人は，これを購入したとしても地主の明渡請求に応じねばならなくなると思った方がよいだろう。既に地主側に勝訴判決があればなおのことだ（137ページ⑶参照）。

　さらに他にも土地の利用権限が使用借権などの薄弱なものであれば，その旨が記載されている。

　こういった物件でも売却基準価額算出にあたっては，更地価額の1割程度の土地利用権を評価しているケースがあり，入札する側としては十分注意したい。無価値になってしまうものを買っても仕方ないのだから。

　逆に，借地権付建物の場合で「地代の代払い許可有り。」などの記載のあるものは，債権者が，地主から地代不払いを理由に借地権の消滅請求をされないように手当てしてあるということなので，一種の安心材料といえるだろう。

⑸　本件土地は袋地であり，〜の売却対象外土地を通らねばならない

　競売不動産においては，接道条件に十分注意せねばならない。上記のような袋地は資産価値は極端に低い。

　袋地ではないにしろ，「本件土地は，巾1.5mの路地状敷地を経て，公道に接続する。」とか，「本件土地は，巾員2.5mの私道に面する。」などの記載は，絶対に見落としてはならない。なぜか，競売不動産の中には，接道条件の悪いものが多い。建築基準法上の道路に2m以上接していなければ，建築確認を取得したうえで建物を建てることができない。たとえ，現在建物が建っていたとしても，将来の建替えができないのである。

　裁判所は，この件に関し，「この土地上では建築確認が取れない。」などとはっきり記載はしないことがあるが，先のような表現を用いて，入札者に注意をさせることが多い。したがって，このような記述があった場合，後に説明する「不動産評価書」で，接道条件をよく確認するとともに現地および役所での調査も怠ってはならない。

3 現況調査報告書

　現況調査報告書とは，執行官が，競売不動産の形状およびその占有状況を現地調査し，まとめたものである。この調査は競売開始決定がなされ，差押えした後，速やかに行われる。

　次ページに掲載されているのが，その１枚目である。

　物件状況の記載となっている。

　まず，『不動産の表示』は，目録のとおりである旨記載されているが，目録は地番表示なので，ここで住居表示を補足している。物件番号は，先にも説明したが，登記上の不動産ごとに番号が付けられていく。ただし，マンションの敷地で，その土地上の建物と敷地権として一体化されて登記されているものについては，次ページ例のように「符号１」と入れられる。『土地の形状』については，「〇〇図面のとおり」とだいたい記載される。地目は登記簿の記載によらず，あくまで『現況地目』が記載される。

　『床面積の概略』の部分も，当然現況優先である。登記簿の表示と同じであれば，「公簿上の面積とほぼ同一」などと，記載される。マンションなどは，この表現がほとんどである。なお，マンションの専有部分の床面積は，登記簿上では，部屋壁の内法により求められた面積で表されている。したがって，新築分譲時の販売床面積とは異なっているので注意したい。

　また，一戸建の場合は，未登記の増築部分などが，よくある。

　さて，『執行官保管の仮処分』についての記載がある。これは，その競売不動産をめぐって，建物明渡しの訴訟や，調停の提起などがあり，占有の移転を禁止してある状態である。

　この仮処分は，競売でその不動産が，売却されても効力を失わないことがあるので，買受人は注意を要する（物件明細書の３「買受人が負担することとなる他人の権利」の欄に記載されている仮処分は買受人の引受けになる）。

　73ページに掲載されているのが，次ページの用紙に続いて編綴されてい

現況調査報告書

不 動 産 の 表 示	「物件目録」のとおり
住 居 表 示	練馬区豊玉南3丁目○番○号
建 物	物件1

種類, 構造及び 床 面 積 の 概 略	■公簿上の記載とほぼ同一である □公簿上の記載と次の点が異なる（□主たる建物　□附属建物） □種類： 　□構造： 　□床面積：
物件目録にない 附 属 建 物	■ない　┌ 種類： □ある ┤ 構造： 　　　└ 床面積：
占 有 者 及 び 占 有 状 況	□建物所有者　■その他の者 　上記の者が住居として使用している ■「占有者及び占有権原」のとおり
管理費等の状況	□管理費等に関する回答書のとおり　　　　年9月5日現在 管理費　　　　　　　　　10,500円　　□滞納はない 修繕積立金　　　　　　　4,600円　　■滞納がある 　　　計　　　　　　　　15,100円　　　　年6月分〜　　年8月分 　　　　　　　　　　　　　　　　　　　　　　計　226,500円 　　　　　　　　　　　　　　　　　　□不明
管理費等照会先	㈱○○コミュニティー　××支店　山田太郎 　　　　　　　　　　　　　　電話　03（3○×○）66×××
そ の 他 の 事 項	管 理 費　　○○.8〜　9,100円　　△△.5〜　　10,500円 修繕積立金　○○.8〜　3,150円　　△△.5〜　　4,600円

敷 地 権	符号　1
現 況 地 目	■宅地（符号1）　□公衆用道路（符号　）　□　　　（符号　）
形 状	□公図のとおり　　　　　　　　　　　■地積測量図のとおり □建物図面（各階平面図）のとおり　■土地建物位置関係図のとおり □
敷 地 権 の 種 類	■所有権（符号　1）　□地上権（符号　）　□賃借権（符号　） □　　（符号　）
そ の 他 の 事 項	
執 行 官 保 管 の 仮　　 処　　 分	■ない　┌　　　　地方裁判所　　支部　　年（　）第　　号 □ある └ 保管開始日　　年　　月　　日
敷地権以外の土地 （ 目 的 外 土 地 ）	■ない □ある（詳細は「目的外土地の概況」のとおり）
土 地 建 物 の 位 置 関 係	□建物図面（各階平面図）のとおり ■土地建物位置関係図のとおり

（注）チェック項目中の調査結果は，「■」の箇所の記載のとおり

る『**占有者**及び**占有権原**』の用紙である。

執行官の占有状況調査のまとめである。

次ページの例は，マンションであるが，所有者である法人の代表者が，その部屋を占有している旨明確に記載されている。

この例では，所有者である法人の代表者が占有している状況が認められたが，その後まったくの第三者が賃借人として名乗りをあげてきた旨が書かれている。

しかし，結果は，その第三者の主張する賃借権を執行官は認めていない（74ページ参照）。

裁判所の記録の中では，この現況調査報告書が，一番臨場感にあふれており，不謹慎かもしれないが，面白い。

しかし，一方で，入札する段階で，まるでその報告書に記載されている内容が現実と違っていることがあるのも事実である。

筆者の経験でも，占有者の違いをはじめ，建物の形状，土地の形状まで相違しているものもあった（75ページ Coffee Break 参照）。

こんなことが起こるのも，所有者やその他の占有者の協力を得られにくいことや，差押えから入札開始までの時間が短縮されてきたとはいえ数ヶ月かかっていることなどが原因だろう。現況調査報告書には調査の経過が記載されているので，それも参考にしたい。

したがって，入札人自らの現地調査が重要になってくるわけである。

また，現況調査報告書には，添付書類として，「借家契約等に関する回答書」，「建物の図面」，「公図」，「土地測量図」などがある。

占有者及び占有権原 (物件 1 関係)

占 有 範 囲	■全部 □
占 有 者	□債務者　■丸山正
占 有 状 況	□敷地　□駐車場　□ ■居宅　□事務所　□店舗　□倉庫　□
□関係人 (□　　　□　　　　　　　) の陳述／□提示文書 (　　　　　　) の要旨	
占 有 権 原	□賃借権　□使用借権　□不明
占有開始時期	年　　月　　日

最 初 の 契 約 等	契 約 日	年　　月　　日
	期　　間	年　　月　　日から　□　　　年　　　月　　　日まで　　年間 □期間の定めなし

更 新 の 種 別	□合意更新　　□自動更新　　□法定更新

現 在 の 契 約 等	期　　間	年　　月　　日から　□　　　年　　　月　　　日まで　　年間 □期間の定めなし

契 約 等 当 事 者	貸 主	□所有者　□その他の者 (　　　　　　　　　　　　　)
	借 主	□占有者　□その他の者 (　　　　　　　　　　　　　)

賃料・支払時期等	毎　　金　　　　　　円 (毎　　　　限り　　　　分支払い) □前払 (　　　　　　　　　　分　　　　　　　　　円) □相殺 (　　　　　　　　　　分　　　　　　　　　円)
敷金・保証金	□ない　□ある (□敷金　　　　円　□保証金　　　　円)
特 約 等	□譲渡・転貸を認める　　□
そ の 他	占有者　丸山正は建物所有会社の代表者である
執 行 官 の 意 見	□上記のとおり　　□下記にとおり　　■「執行官の意見」のとおり

(注) チェック項目中の調査結果は,「■」の箇所の記載のとおり

(3枚目)

執行官の意見

年9月5日立ち入り調査結果

■物件番号(1)は不在であり，施錠してあるため，立会人○○○○に立ち会わせ，技術者△△△△に解錠させ立ち入り調査した。

■玄関ドア新聞受けの下の部分には「（株）エス・コーポレーション」と紙片に記載して表示してある。

■立ち入り調査の結果，室内には「（株）エス・コーポレーション」あての　年7月分のガス使用料通知書，丸山正あての年賀葉書数枚，同人あて預かり証及び背広のネームがいずれも「丸山」になっていることから，同人が住居として使用していることが認められた。

■調査時，占有者が所有者会社の代表者と認められたので照会及び回答書を差し置いてきたところ，賃借人と称する橋本頁から，6枚目以下の文書の提出があり，同人が占有している旨の主張があるが，室内には同人が占有していると認められる徴表は全く存しなかつた。**ライフライン調査**の結果でも占有は認められない。

（注）チェック項目中の調査結果は，「■」の箇所の記載のとおり

（4枚目）

Coffee Break

　下の例は筆者が実際に扱ったマンションの例です。おそらく現況調査のときには，占有者の入室拒否により室内立入りができず，新築分譲時のパンフレットの間取図を，そのまま報告書に添付したようです。

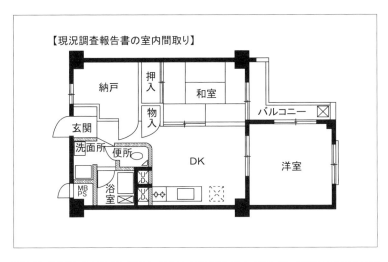

【現況調査報告書の室内間取り】

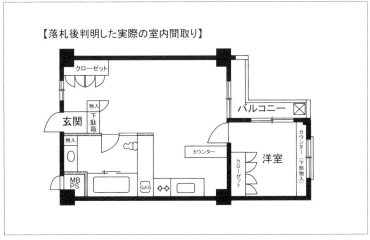

【落札後判明した実際の室内間取り】

4 不動産評価書

　競売不動産の**売却基準価額**は，裁判所が選任した評価人が提出する評価書に基づいて決定される。

　通常，不動産鑑定士である評価人は，対象不動産の評価額と，その評価の年月日をこの評価書で明らかにする。評価書には，評価額算出の過程も記載されている。入札人にとっては，むしろこの算出過程を注意して読み取る必要があるだろう。

　というのも，売却基準価額の金額そのものは，一般市場価格に比し，無論安く設定される仕組みにはなっているが，実際にはかなりのバラツキが認められるのである。

　つまり，その安さの度合が一定ではないのだ。

　市場価格の半分の物件もあれば，一方で，市場価格並みの物件があるのが実情なのである。

　下記 column に掲載したのは，ある不動産評価書から抜粋した文章である。ここで述べられていることは，競売不動産は特殊だから減価するということである。競売不動産は，通常価額からこういった「**競売減価**」が施される。

　さて，競売減価の割合だが，これについては大抵の場合3割程度に設定され，いわゆるバラツキはない。しかし，それでも売却基準価額に先述し

column

競売市場の特性による減価について

　競売は強制的に換価する手続であって，競売市場においては，一般の売買市場に比べて，次のような特殊性に伴う制約要因があると一般にいわれており，個々の案件ごとに影響する諸要因を考慮し，一般の売買市場とは異なる固有の特性による市場性減価を施す必要があります。

①売り出される物件への現地案内がなく，買受希望者は建物内部・敷地境界の確認が直接できるわけではない。

②すべての物件が必ずしも「空き家」とは限らない。

　賃借人がいてもそのまま居付きの状態で売却するため，短期賃借人の保護がある一方，

たようなバラツキがあるというのは他でもなく，基となる通常価格の算出が，物件ごとで高目，あるいは低目になっているということにある。

これらの原因としては，次に挙げる点などがあろう。

①評価書が，あくまで不動産鑑定評価基準等に沿っていることにより，現実の取引との乖離が生じる場合があること。

②評価時点から入札開始までの時間の経過により，相場状況と乖離が生じる場合があること。

③複数の評価人により評価されるため，個人差が生じることがあること。

①に関しては，土地評価額の算出の根拠を地価公示地や都道府県地価基準地（以下「公示地等」という）の価格にしている。そのため評価人は，対象土地になるべく近く，諸条件が似ている公示地等を選定し，その公示地等と対象土地との比較を行い，評価額を導き出す。

しかし，公示地等の数には限りがあり，評価算出に好都合の公示地等があるとは限らない。また，実勢価格との相違も公示地等によって生じ，こういったことで現実とのズレを生む。また，マンションの場合でも土地，建物を各々評価する手法がとられるが，これが，現実の市場との乖離を生む。

たとえば，高層マンションなどで，土地の持分面積が，そのマンションの専有面積に比してかなり小さいとき，土地分の評価額が低くなり，結果として市場価格よりかなり安い評価が導き出されるケースなどが挙げられ

期限後の引渡し等において相当の法律知識が必要とされる案件もあり，必ずしも「物件の引渡し」が保証されているわけではない。

③売却に際し，金融機関の融資制度を用意している訳ではないため，買受希望者は現金納付しなければならず，高額になるほど，資金調達力が問われる。

④競売は強制換価手続であるため，所有者が自主的に売り出す一般市場の売買と異なり，買受希望者としても購入するにあたって心理的抵抗感がある。

したがって，求める価格は競売市場における適正価格（売却基準価額）であり，この価格は一般不動産取引市場の正常価格ではなく，卸売価格に近いものとなります。

る。

　現実的には，マンションの価格は，土地持分の多い，少ないにあまり影響されないものである（ただし，対象物件によってはDCF法などの収益還元による評価も併用している。また，地裁によっては，マンションの評価に取引事例を勘案している）。

　②については，解説するまでもない。不動産市場は流動的であり，事件処理が遅滞すれば入札時点での相場状況に沿わない評価になってしまうわけである。ただし，裁判官の判断によっては，入札開始前に再評価を行うときがある。この場合は，「**補充書**」という形式で評価人がもとの評価書の修正を行うのである。

　③の原因については評価にあたり，評価人の裁量により定められる建物の観察減価や**市場修正減価**というものなどがあり，どうしても評価人の主観によりバラツキが生じる。個人差は評価人が人間である以上避けられないことだろう。

　結論からいって，売却基準価額は一つの参考価格ぐらいに考えるべきだと思う。検討する物件の入札価額の決定は，あくまで自ら行う市場リサーチに基づくべきであろう。もっとも売却基準価額の20%減の買受可能価額を下回っては入札できないことはいうまでもないが。

column

最低売却価額制度の見直しの経緯

　2004年11月26日「民事関係手続の改善のための民事訴訟法等の一部を改正する法律」が国会で可決，成立し，法律第152号として公布され，2005年4月1日から施行されました。

　この改正により従来の最低売却価額が見直され，売却基準価額と買受可能価額に改められました。

　最低売却価額は不当に安価での売却を防止するための制度でしたが，現実には実勢価格を上回る最低売却価額が定められた物件が存在することや，最低売却価額以下でも売却を認めれば売却率が向上することから，その廃止がこれまでもしばしば議論されてきました。他方，最低売却価額を廃止すると，暴力団等が物件を占有することにより，自ら極めて安価な価格での買受けを可能とすることとなり，執行妨害を助長するとの存続論も主張

不動産評価書から読み取るべきは，むしろ先に述べたように，評価算出の過程である。ただ過程といっても，注目すべきは評価の減価要因である。

気に入った物件に思わぬキズがあるかもしれず，評価書でこれを発見することも考えられるのである。

①対象物件が，建築基準法上の道路に接してなく，再建築不能であるなどの欠陥を抱えていて，これが減価要因となっている。

②地役権などが設定されていて，いわば負担となる権利があるため減価されている。

③都市計画法などの法令により，利用制限があり，これにより減価されている。

④土壌汚染やアスベストの含有などにより減価されている。

上記のような場合は，物件の調査・検討を慎重に行わねばならないだろう。

また，占有者がいることによる「**占有減価**」や，滞納管理費などによる減価が，物件明細書や現況調査報告書の記載と矛盾なく行われているかも確認すべきであろう。

さらに，競売物件の中には，その建物内にて自殺などの不自然死があった物件もたまに見られる。こういった場合は，**市場性修正**として20〜40％

されてきました。

こうしたこれまでの議論を受けて，改正法においてはこのような最低売却価額の機能を維持しつつ，より入札しやすい制度とするため，従前の最低売却価額を売却基準価額（不動産の売却の額の基準となるべき価額。民事執行法第60条１項）に改めるとともに，あらたに買受可能価額として，買受けの申出額については，この売却基準価額からその10分の２に相当する額を控除した価額以上でな

くてはならないとしました（同条３項）。

改正法が，売却基準価額の20％減額でも買い受けられるとした根拠について，従前不落札だったときに最低売却価額を見直す際，20％程度減額したことが考慮されたそうです。ただし，入札の際に必要となる保証金は「買受可能価額」ではなく「売却基準価額」の２割が必要とされているので注意が必要です。

程度の減価が行われる。

　最後に不動産評価書の読み方で注意すべきは，例えば一戸建を評価するについては，「建物＋土地利用権価額（更地価額の6〜8割相当）」＝建物評価額と，「土地価額（いわゆる底地，更地価額の2〜4割相当）」＝土地評価額とに分け評価される（土地，建物の債権者が異なる場合，競落後の配当決定に必要になる）。したがって，評価書を一見したところでは，土地の価額が，かなり安く感じられ，逆に建物がずいぶんと高く思えるのは，まさにこの理由からである（次ページ参照）。

評価書の基本的考え方（積算価格）

⑴土地価格評定の方法

更地単価(円／㎡)×建付減価×(1－法定地上権割合)

×敷地面積(㎡)×競売市場修正

　　　　　　＝土地(底地)評価額

その土地に建物が存在する場合の減価(通常10%)

法定地上権割合は60%～80%が多い

70%程度

⑵建物価格評定の方法

{建物残存価格＋敷地利用権(法定地上権)価格}

×競売市場修正

再調達原価(現在同程度のものを建てるとしたらかかる
であろう原価)に築年や目視による減価率を乗じて算出

更地価格(円／㎡)×建付減価×法定地上権割合
×敷地面積(㎡)

⑴＋⑵が対象不動産の評価となる

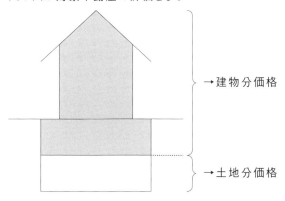

→建物分価格

→土地分価格

※収益還元法による収益価格を参考に評価額を調整した場合も,上記積算価格における
　土地,建物の価格構成比によって按分する。

5 不動産登記簿謄本

先述のとおり，不動産登記簿謄本（またはインターネットで取得の登記情報）は裁判所の事件記録とは別に，入札にあたって取得しておきたいものである。

不動産登記簿謄本は以下の構成になっている。

(1) **表題部**

　土地・建物の所在や形状が記載されている。土地については，所在・地番・地目・地積などが記載され，建物については，所在・種類・構造・床面積などを記してある。

(2) **権利部（甲区）欄**

　所有権に関する登記が記載されている。所有権移転登記，所有権移転仮登記，差押登記，仮差押登記などである。

(3) **権利部（乙区）欄**

　所有権以外の権利に関する登記が記載されている。抵当権設定登記，抵当権設定仮登記，根抵当権設定登記，賃借権設定仮登記などである。

さて，実際に入札するにあたって，入札者は，この登記簿謄本のどこを注意すべきだろうか。

まずは，表題部関連から考えてみる。第一に，登記簿の記載が現況と必ずしも一致していないということがある。

土地でいうならば，例えば「地目」である。現況が宅地または駐車場になっていても，地目が「田」や「畑」という農地になっているケースがある。

このような場合，買受後に「農地法」の許可または届出を必要とする場合がある。

さらに地積については，現況の地積との差異が生じているケースが問題となろう。

一般的に登記簿面積と，実際の面積とが相違することは珍しいことでは

ない。少しの違いならば，むしろそういった土地の方が多いほどだ。しかし，100㎡の土地で20㎡以上も違うとなれば話は別だ。特に実際の面積が登記簿面積よりも多い場合には，隣接地との境界が確かなものかどうかが問題となる。

　通常の不動産取引であれば，買い手は，売り手に対し，境界の明示や，隣接地所有者の境界の同意書などを請求できるが，競売不動産においては，これが難しい。現地調査などを十分行い，注意すべきだろう（現地の調査については，次の項で補足する）。

　また，建物についても，現況の床面積と登記簿上の床面積が相違するケースがある。土地の場合のような複雑な問題は生じないものの，買受資金を金融機関から借り入れる場合などにおいて，登記簿面積について，買受後に，表示変更登記を行い，修正を要することもあるだろう。

　さて，次に，甲区欄および乙区欄においてはどうであろうか。

　先にも述べたように，買受人が，代金の納付を済ませることにより，原則として，抵当権や，所有権移転の仮登記などは，職権により抹消される。したがって，入札の時点でどのような所有権の行使を妨げる権利が登記されていようとも，抹消される運命なので，気に掛けることはない。

　しかし，一部例外として，次に掲げる登記などは抹消されないので注意をしたい（102ページ以降参照）。

㋐先順位の仮処分の登記　　　㋑先順位の賃借権の登記
㋒有効な短期賃借権の登記
㋓抵当権者の同意を得た賃借権設定登記

　㋐については，所有権の争いなどがあって「処分禁止の仮処分」の登記が，消滅する抵当権や，差押えや仮差押えの登記より，先に設定されている場合である。

　このようなときには，物件明細書に記載されるので注意したい。

　㋑については，消滅する抵当権に先んじて設定された賃借権登記のことである。

＊89ページまでの様式は見やすいように見開きになっていますが，実際の
　様式はA4判ヨコ1枚です。

＜競落による所有権移転後＞

東京都〇〇区〇町1丁目1-1-1

専有部分の家屋番号	1-1-1～1-1-51

【表　題　部】（一連の建物の表示）

【所　　　　在】	〇〇区〇町一丁目　1番地1
【建物の名称】	△△マンション

【①構　　造】	【②床　面　積】　㎡	
鉄筋コンクリート造陸屋根 地下1階付5階建	1階	174 14
	2階	187 85
	3階	172 73
	4階	156 92
	5階	110 31
	地下1階	35 04
余白	余白	

【表　題　部】

【①土地の符号】	【②所　在　及　び　地　番】	【③地目】
1	〇〇区〇町一丁目1番1	宅地

【表　題　部】（専有部分の建物の表示）

【不動産番号】	0123456789012

＊下線のあるものは抹消事項であることを示す。

全部事項証明書　（建物）

調製　平成４年10月22日	所在図番号	余 白

余 白

余 白

【原　因　及　び　そ　の　日　付】	【登　記　の　日　付】
余 白	余 白
余 白	昭和63年法務省令第37号附則第2条第2項の規定により移記

（敷地権の目的たる土地の表示）

【④地積】㎡	【登記の日付】
515:98	昭和59年８月３日

整理番号Ｄ○○○○○　（1/2）　1/4

東京都〇〇区〇町1丁目1-1-1

【家 屋 番 号】	〇町一丁目　1番1の1	
【建物の名称】	101	
【①種　　類】	【②構　　　造】	【③床　面　積】㎡
居宅	鉄筋コンクリート造1階建	1階部分　　　　　13:65
余 白	余 白	余 白

【表　題　部】(敷　地　権　の　表　示)

【①土地の符号】	【②敷地権の種類】	【③敷　地　権　の　割　合】
1	所有権	77811分の1581

【権　利　部（甲　区）】

【順位番号】	【登　記　の　目　的】	【受付年月日・受付番号】
1 付記1号	所有権移転	平成2年6月1日 第〇〇〇〇〇号
	1番登記名義人住所変更, 更正	平成20年1月4日 第〇号
	余 白	余 白

＊下線のあるものは抹消事項であることを示す。

全部事項証明書 （建物）

余 白	
余 白	
【原 因 及 び そ の 日 付】	【登 記 の 日 付】
昭和59年7月23日新築	余 白
余 白	昭和63年法務省令第37号附則 第2条第2項の規定により移記 平成4年10月22日

【原 因 及 び そ の 日 付】	【登 記 の 日 付】
昭和59年7月23日　敷地権	昭和59年8月3日

（所有権に関する事項）

【原　　　因】	【権 利 者 そ の 他 の 事 項】
平成2年5月31日売買	所有者　△△区△△一丁目2番3号 　　　鈴木　○× 順位2番の登記を移記
錯誤 平成9年11月5日住所 移転	住所　□□市□□区□□二丁目2番2 代位者　東京都 代位原因　平成19年12月27日滞納処分の差押
余 白	昭和63年法務省令第37号附則第2条第2項の規

整理番号Ｄ ○○○○○ （1/2） 2/4

東京都〇〇区〇町1丁目1-1-1

【順位番号】	【登記の目的】	【受付年月日・受付番号】
2 注1）	差押	平成19年10月25日 第〇〇〇〇〇号
3 注2）	差押	平成20年1月4日 第〇号
4 注3）	所有権移転	平成20年7月11日 第〇〇〇〇〇号
5	2番差押登記抹消	平成20年7月11日 第〇〇〇〇〇号
6	3番差押登記抹消	余 白

【権　利　部　（乙　区）】		
【順位番号】	【登記の目的】	【受付年月日・受付番号】
1	抵当権設定	平成2年6月1日 第〇〇〇〇〇号

＊下線のあるものは抹消事項であることを示す。

注1）競売申立による差押の表示
注2）税金の差押の表示
注3）競落による所有権移転の表示

全部事項証明書　（建物）

【原　　　　因】	【権　利　者　そ　の　他　の　事　項】
	定により移記 平成４年10月22日
平成19年10月24日 東京地方裁判所担保不 動産競売開始決定	債権者　〇〇区〇町三丁目３番３号 　株　式　会　社　〇　〇　〇　〇　〇　〇
平成19年12月27日 東京都〇〇都税事務所 差押	債権者　東京都
平成20年７月10日 担保不動産競売による 売却	所有者　××区××四丁目４番４号 　有限会社××××××
平成20年７月10日 担保不動産競売による 売却	余白
余白	平成20年7月11日４番の登記をしたので滞納処分 と強制執行等との手続の調整に関する法律第32条 の規定により抹消

（所有権以外の権利に関する事項）

【原　　　　因】	【権　利　者　そ　の　他　の　事　項】
平成２年５月31日 金銭消費貸借同日設定	債権額　金2,980万円 利息　年7.68% 損害金　年14%　年365日日割計算 債務権　△△区△△一丁目２番３号 　鈴　木　〇　× 抵当権者　〇〇区〇〇五丁目５番５号

整理番号 D 〇〇〇〇〇　（1/2）　3/4

東京都〇〇区〇町1丁目1-1-1

【順位番号】	【登記の目的】	【受付年月日・受付番号】
付記1号	1番抵当権移転	平成9年4月21日 第〇〇〇〇〇号
	余 白	余 白
2 注4）	1番抵当権抹消	平成20年7月11日 第〇〇〇〇〇号

　　これは登記事項に記録されている事項の全部を証明した書面である。

　　　年4月1日

　東京法務局〇〇出張所　　　　　　　　　　　　　　　　登記官
　　　＊下線のあるものは抹消事項であることを示す。

注4）競落による抹消の表示

全部事項証明書　（建物）

【原　　　　因】	【権 利 者 そ の 他 の 事 項】
	<u>△△△△金融株式会社</u>
	順位３番の登記を移記
平成８年10月１日 債権譲渡	抵当権　　○○区○町三丁目３番3号
	株　式　会　社　○　○　○　○　○　○
	昭和63年法務省令第37号附則第２条第２項の規定により移記
	平成４年10月22日
平成20年7月10日 担保不動産競売による売却	余 白

○　×　太　郎　㊞

整理番号Ｄ○○○○○　（1/2）　4/4

ただし，先順位の賃借権は正常なものであれば，実体としては，買受人が引き受ける権利ではあるが，一般的には登記がなされない場合がほとんどである。

　問題は，⑦の短期賃借権である。差押前であれば，短期賃借権は消滅する抵当権に遅れて設定されていても買受人に対抗できる。それが故に金融業者などは，自分の債権の担保として，あるいは回収の手段として，この権利を利用することになる。

　通常，賃借権など登記されることなどまれであるが，こういった場合は逆に，しっかり登記されることになる。

　しかし，本来保護されるべき短期賃借権は，このような債権回収のためのものなどは含まれない。したがって，裁判所は，こういった短期賃借権の登記を抹消すべく法務局へ嘱託することになる。

　抵当権とパックで設定登記されているケースなどは明らかに債権担保または回収目的とみなされるが，短期賃借権単独で登記されている場合でも，実体として，本来の利用目的で登記された短期賃借権でなければ，やはり抹消される運命にある。

　もっとも，短期賃借権には有効期間（土地につき5年間，建物につき3年間以内〈更新あり〉）がある。差押時には有効期間が残っていても実際には，差押後，この有効期間を経過してしまってから入札を迎えるケースも多い。このような場合はもちろん本来保護される短期賃借権か否かに関係なく，抹消される。

　したがってここで問題なのは，本来の利用目的で設定され，登記されている短期賃借権で，まだ有効期間が残っている場合であり，このケースは抹消されない（ただし，短期賃借権については2003年の改正により廃止されたが，改正法施行時に存在する短期賃借権は施行後も効力を有する。「2　物件明細書　(2)　短期賃借権が引受けになる場合」参照）。

　ただ，現在では実際にはほとんど見られない登記であると思われる。

　㊀については2003年に短期賃借権が廃止になったとき，これに併せて創

設された制度によってなされる登記である。その制度とは，抵当権に後れるべき賃貸借であっても，賃借権の設定につき登記がなされ，かつ，その登記前に登記されたすべての抵当権者が同意をし，その同意についての登記がなされたときは，賃借人は抵当権者および競売における買受人に対抗することができるというものである。ただし，この登記は，一般の住居や事務所においてはあまりなされることはないので，事件記録に登場することも稀であろう。

　さて，次に注意をしたいのが，所有権者の登記についてである。明渡しに際し，示談交渉の労力・経費がかかりやすいケースとして，現所有者が，前所有者から抵当権が設定されたまま，所有権を取得している場合が挙げられる。

　この場合，現所有者は，大抵，前所有者に対する債権者である。しかも抵当権付で無理矢理所有権移転をさせているのだから，強引な債権者といえるわけだ。また，通常の金融機関ではない会社名または個人名での賃借権（仮）登記や抵当権の登記がある場合も同様に，明渡交渉が難しいケースが多い。

　最後に，実践的に注意すべきは，債権者が，自己競落するか否かを見極めることであろう。経験的に，債権者が，あるいくつかのサービサー会社等のときは，自らかあるいは，自らの関係する会社が入札することがある。

　債権者のいわゆる**自己競落**は，入札価額を，実勢価額ではなく自らの債権額をにらんで決定することが多い。したがって市場価格を上回って落札しようとすることがあり，こういった物件への入札は敬遠したほうがよいこともある。

6 現地の調査

　裁判所で事件記録を調べ終えたら，必ず現地調査を行わねばならない。先に述べたように，現況調査報告書が作成された時点と，入札の時点では，かなりの時間差がある。現況調査の時には空室であったのが，入札時点では，誰かが住んでいたなどということもある。かつて，事件処理に時間が現在よりかかっていた頃のことではあるが，筆者の体験例で，事件記録上，空室のはずが，外国人数名で占有していた例や，暴力団風の人間が占有していた例があった。もっともこういったケースでも占有者が，まったくの善意の第三者の場合もある。

　以上のことから，やはり現地の調査の第一目的は，占有関係の調査ということになろう。具体的には，表札のチェックや，マンションであれば管理員などからのヒアリングによって行うことになる。また，電気などの使用状況もヒントになる。

　占有状況の確認後，次に注意を要するのは，土地や一戸建における接道条件である。建築基準法上の道路に2m以上接していなければ，建築確認は取得できない。しかし，競売不動産の一戸建の中には，この接道条件を満たしていない土地に，無許可で建築されているものもある。

　一般の取引では，重要事項説明書などで，「再建築不可」などと説明されるわけであるが，競売不動産の場合，現況調査報告書等にも記載が概ねあるが，やはり，自分の調査が頼りである。無論，現地ばかりでなく，役所の建築指導課などを訪ね，確認するのも調査のうちであろう。

　次に同じく，土地や一戸建の場合で注意すべきは，境界の問題である。先に現況調査報告書の項で述べたが，執行官は，調査対象の土地の地形を明らかにすることになっている。地形図などを添付するのであるが，土地によっては，未測量のものもある。こうした場合においては，執行官は，目視によって土地の形状を確認し，登記簿上の地積が，実際と違いがないかどうかコメントすることになる。添付される資料としては，公図のみと

なるわけである。

　こういった土地の場合往々にして，境界標がなく土地の形状を特定しずらい。また，買受後に隣接土地所有者との間で境界の確認が必要なケースもあろう。これに付随して，水道管やガス管などの埋設管が，他人地を通過していたり，樹木が越境している状況がないか否かの確認にも手間取ることになる。門塀などで区切られている場合はあまり心配はないがこういった恒久物がない場合は注意を要する。物件によっては現況調査報告書には添付されていなくとも，管轄法務局に，地積測量図があることもあり，こういった土地の場合は，法務局の調査も欠かせない。

　さて，マンションの場合において，注意を要するのは何といっても滞納管理費等であろう。事件処理の時間経過から多くのケースで事件記録より膨らんでいる。

　筆者の経験したケースでは，現況調査報告書作成段階から，入札開始までの間に，そのマンションで大規模修繕が行われ，それに要した修繕費の一時金の支払滞納が生じていたことがあった。こういった場合は，多額の滞納額が買受人の負担額にプラスされるわけで，注意を要する。

　もちろん，現地の調査にも限界がある。何よりも更地の場合を除き，中に立ち入ることができないことが最大の難点であろう（ただし，2003年の改正法により，差押債権者の申立てがあるときは競売不動産の内覧を執行官が実施することとなった。これにより，一部の競売不動産は事前に内部をチェックできることとなったが，この内覧実施は現在低調ではある）。

　現況調査報告書上の内部状況と現物が相違していることなどはまれではない。短い限られた時間内での執行官の調査では，仕方ないことなのかもしれない。買受人のリスクとして考えざるを得ない点である。

　もっとも，マンションの場合，管理会社に照会すれば，雨漏りの状況などは把握できることがある。管理会社とは，うまく付き合うべきだろう。

Part 4 買受後の問題について

1 明渡しか，権利，義務の承継か

　買受人は，売却許可決定後所定の手続に従って代金を納付すれば，物件の所有権を取得し移転登記を受けることができる。買受人への所有権移転登記手続も，裁判所からの嘱託登記によって行われるので，買受人は登記識別情報が送られてくるのを待っていればよい（52ページ Column「権利証は過去のものに」参照）。

　しかし，競売不動産の難しさは買受後にあるといってよい。すなわち居住用物件もしくは販売用物件については，物件の明渡しが問題となり（144ページ Part 6「買受けの事例研究　その1」参照），買受人自らの費用と責任において，居住者に対し物件の明渡しを求めなければならない。また投資用物件について従前の賃借権を引き受ける場合は，引き受ける権利の内容が問題となり（162ページ Part 7「買受けの事例研究　その2」参

照），やはり買受人自らが，賃借人との間の賃料や保証金の問題を解決しなければならない。

　現在も競売不動産において最大の問題は明渡しの問題であるが，買受人は投資目的で競売不動産を購入する場合も多い。そこでまず明渡しの問題について説明し，102ページ以下に買受人が引き受ける権利，義務として注意すべき事項を説明する。

> column

明渡訴訟と引渡命令②

　明渡訴訟とは，通常の民事訴訟を提起して判決を得て，明渡しを求める方法です。法的手続により明渡しを求める場合は，判決等の明渡しを認めた法定の文書（これを債務名義といいます）が必要になります。不動産競売においては，この債務名義を取得する方法として**引渡命令**という制度があります。つまり，債務名義を取得後の強制執行の手続（119ページ以下参照）は明渡訴訟も引渡命令も大きな違いはありませんが，不動産競売においては，引渡命令という簡易，迅速，低廉に債務名義を取得する方法が認められているのです。

　明渡訴訟と引渡命令を比較すると，まず，引渡命令を求める方法は簡易です。99ページの引渡命令の申立書の書式に，必要事項を

記載して提出すればよいだけです（その他目録）。明渡訴訟を提起するとなると訴状を作成しなければならず，素人には難しいでしょう。引渡命令は通常は書面審理だけなので，迅速に債務名義（引渡命令）を取得できます。問題がなければ申立後数日で発令されます。明渡訴訟だと，第1回の裁判（口頭弁論）が開かれるのが，申立後約1ヶ月先となります。さらに引渡命令は低廉であり，申立てに要する費用は一律500円です（他に切手）。これに対し明渡訴訟だと土地，建物の固定資産評価額を基準に「民事訴訟費用等に関する法律」が定める申立費用がかかります。この申立費用はあくまで裁判所に納める手数料であり，これには弁護士費用は含まれていません。

2 明渡しを求める

(1) なぜ明渡しが問題か

　先述のとおり現在も競売不動産の買受けにあたっての最大の問題は，明渡しの問題である。居住用や販売用物件を購入した買受人としては，なるべく早く，そして経済的負担もなるべく少なく明け渡してもらいたいだろう。しかし，競売不動産の所有者は多くの場合，売却を望んでいないから，すんなりとは明け渡してくれない。また，債権者はより多く回収したいと考えるが，後順位債権者は競売手続では回収できないため，物件を占有して明渡料により回収しようとする。そこに，これまでもたびたび述べた占有屋が登場する。そのため，買受人，所有者，債権者間で物件の占有をめぐり，虚々実々の駆引きが行われることになる。法律の規定も複雑で分かりにくい。「素人は競売物件に手を出すな」といわれるゆえんである。

　以下，この明渡しの問題について説明していくが，まず，買受人としては，法的手段による明渡しが可能か，可能としてその費用と時間を知ることである。法的手段による明渡しが可能であっても，その方法が明渡訴訟と引渡命令では，コストと時間が大きく異なるので，どちらの方法が可能かも説明することにする（前ページcolumn「明渡訴訟と引渡命令②」参照）。

　もちろん，法的手段をとることなく示談でスムーズに明け渡してもらうことが大原則である。しかし，買受人としては，あらかじめ法的手段をとる場合のコストと時間を知ることにより，示談の場合のコスト，つまり明渡料の金額も計算ができ，競売物件の買受予算もたてることができる。そこで，本書では，買受人がまったく明渡しを求めることができない場合を含め，どのような占有者には，どのような法的手続をとることができ，それは事件記録のどこを見れば分かるかを説明していくことにする。

㊞

不動産引渡命令申立書

収入印紙

東京地方裁判所民事第21部　御中
　　　年○月○日

※相手方一人につき500円
　収入印紙の割印はしない。

　　　　住所　　東京都○○区○○丁目○番○号
　　　　申立人　　（買受人）○　○　○　○株式会社
　　　　代表者代表取締役　○　○　○　○　○　㊞
　　　　（電話＿＿＿-＿＿＿-＿＿＿担当＿＿＿）

　　　　当事者の表示　別紙当事者目録記載のとおり
　　　　　　　　　　　申立ての趣旨
　　相手方は申立人に対し，別紙物件目録記載の不動産を引き渡せ。
　　　　　　　　　　　申立ての理由
1　申立人は，御庁　年（ケ）第○○号不動産競売事件において別
　紙物件目録記載の不動産を買い受け，　年○月○日代金を納付した。

2　□相手方は，上記不動産の所有者である。
　　□相手方は，上記不動産を何らの正当な権原なく占有している。
　　□相手方　対し，同不動産の使用の対価につき，相当の期間を
　　　定めて1か月分以上の支払を催告したが，相当期間内にその支
　　　払がなかった。

3　よって，申立ての趣旨記載の裁判を求める。

（注）　明渡猶予が認められる占有者や事件記録に載っていない占有
　　　者などで審尋（しんじん，裁判所からの占有権原などのお尋ね）
　　　を必要とする場合は申請書副本が必要（ただし印紙は不要）

⑵ 競売物件上の権利の運命

　まず，明渡しを求める前提として，競売物件上に存在した権利が，売却により消滅するか否かについて，法律の規定を見てみよう。占有者の権利が売却により消滅すれば明渡しが認められると考えてよいからである。

　民事執行法59条1項は「不動産の上に存する先取特権，使用及び収益をしない旨の定めのある質権並びに抵当権は，売却により消滅する。」と規定する。一読しただけではわかりにくいが，まず第一に抵当権等の担保権はすべて消滅する。これは物件に一番，二番の抵当権が設定され，二番抵当権が実行された場合も一番抵当権は消滅する。ただし，一番抵当権者は，二番抵当権者に優先して配当を受けることができる。また，担保目的の所有権移転仮登記も担保なので消滅する。

　第二に賃借権等の用益権は，差押え，仮差押えの後に設定されたものは

column

引渡命令（民事執行法第83条）

　1996年の民事執行法の改正法により，**引渡命令**の制度が大きく変わりました。

　改正前は買受人に対抗できない占有者であっても，差押え前から権原によって占有している者に対しては，引渡命令は認められませんでした。したがって元の所有者からただで借りている者（使用貸借権者）は，買受人には対抗できないが，差押え前から権原によって占有している者として引渡命令は発令されなかったのです。

　これは，当初原案は改正法のように買受人に対抗できない占有者にはすべて引渡命令が出ることになっていたのが，国会審議の過程で，それでは正当な権限で占有している者（主として労働組合が自主生産等のため占有する場合が想定された）の活動が阻害される

ので，買受人には対抗できないが，差押前から権原によって占有している者には引渡命令は発令されないと修正されたのです。これに対して改正法は，旧法においても相手方とされていた債務者（所有者）のほか，第三者であっても買受人に対抗できない権原により占有している者に対しては，引渡命令が発令されることとなり，基本的に旧法の原案の内容に改正されることとなったのです。

　同様の懸念は1996年の国会審議の際にも出され，同年の改正にあたっても「本法の施行にあたっては，労働組合の活動，その他正当な活動を阻害することがないよう十分配慮されたい。」との附帯決議がなされました。

すべて消滅する（同法59条2項）。また，差押え，仮差押えの前に設定されたものでも，消滅する担保権に後れるものは消滅する。しかし，これには，短期賃借権という大きな例外がある（ただし，2003年の改正により，短期賃借権は廃止され，現在旧法扱いのもののみがある）。

第三に差押え，仮差押えはすべて消滅する。差押えが租税の滞納による場合でも同様に消滅する。

結局，買受人が引き受けなければならない権利としては，最優先順位の賃借権等の用益権，最優先順位の仮処分，旧法適用の抵当権設定後の短期賃借権，さらに2003年の改正で誕生した抵当権者の同意を登記した賃借権などとなる。

以下，現実の競売物件の買受けにおいて問題となる，買受人の引き受ける権利または消滅する権利を具体的に説明していこう。

3 買受人が引き受ける権利

(1) 先順位賃借権

抵当権設定登記以前に設定された（対抗要件を備えた）賃借権は，**先順位賃借権**として抵当権に優先するので，競売によっても消滅せず，買受人が引き受けることになる。また，抵当権の実行に基づかない強制競売（（ヌ）事件）で，差押え以前に設定された賃借権も同様である。賃借人に明渡しを求めることは法的にできない。しかも，先順位賃借権には当然借地借家法の適用があるので，賃貸期間が満了しても法定更新され，明渡しを求めることは困難である。あらかじめ，投資目的で購入する場合を除いて，このような物件は避けなければならない。このような賃借権は，物件明細書（63ページ参照）の『3　買受人が負担することとなる他人の権利』という欄に期間，賃料等が記載され，さらに「期限後の更新は買受人に対抗できる」と記載される。

抵当権設定登記以後に設定された賃借権は，消滅するのが原則だが，これには短期賃借権という大きな例外がある。短期賃借権は，実際の記録にも頻繁に登場し，その内容や対処の仕方も複雑なので，104ページ以降で詳しく説明する（2003年の民法改正で短期賃借権は廃止になったが，経過措置により改正法の施行時点で存在していた短期賃借権〔施行後に更新されたものも含む〕については，旧法による扱いとなる）。

また，買受人が投資物件として購入し，先順位賃借権や短期賃借権を引き受ける場合の賃料・保証金などについては，113ページ以降「5　買受人が引き受ける権利，義務の内容」で詳しく説明する。

(2) 仮処分

消滅する担保権，差押えまたは仮差押えに優先する処分禁止の仮処分の登記がある場合は，その後になされた抵当権設定が仮処分債権者に対しては無効となる場合がある。この場合は買受人も仮処分債権者に物件の所有権の取得を対抗できない場合があるので注意が必要である。

⑶ 留置権

買受人が引き受ける権利ではないが，**留置権**という権利がある。留置権とは，その物件の占有者が，その物に関して支出した場合（例えば建物を修繕した場合の修繕費）は，その支払いを受けるまで，その物件を占有できる権利である。支払いを受けるまで，その物件を占有できる権利であるから買受人はその支払いをしないかぎり，その物件の明渡しを受けることはできない。以前は占有屋が留置権を主張することがあったが，現在は不法占有者には留置権は認められない。しかし，居住者が現実に家屋の修繕費を支出していることがあり，現況調査報告書（71ページ参照）に「占有者は修繕費として○○円を支出したとの主張あり。」などと記載されているときは注意を要する。

⑷ その他買受人が引き受ける権利

その他買受人が引き受ける権利として，2003年の改正法により，新たに抵当権者の同意を登記した賃借権登記の制度が創設されたが，事例はほとんどない。

4 短期賃借権および明渡猶予制度

　かつて，占有者のいる物件を競売で取得しようとした場合，**短期賃借権**の問題は，避けて通れないといって過言ではなかった。

　しかし，2003年の民法改正でこの短期賃借権は廃止された。ただし，経過措置により改正法の施行時点で存在していた短期賃借権（施行後に更新されたものを含む）については，旧法による扱いとなるので改正法施行後も買受人は，短期賃借権についての知識が必要となる。具体的には改正法が施行された2004年4月1日より以前，つまり2004年3月31日までに占有を開始した者に対しては旧法扱いとなるのである。

　短期賃貸借とは，土地の賃貸借については期間5年以内の賃借権，建物の賃借権については期間3年以内の賃借権をいう。改正前民法第395条は短期賃借権は，抵当権設定登記後に設定されたものであっても，抵当権者に対抗できる，と規定しており，したがって短期賃借権は買受人にも対抗できることになっていた。なぜ，このような規定がつくられたかといえば，抵当物件の所有者も，短期賃借権の範囲では抵当権設定後も第三者に賃貸して，物件を有効に利用できるようにするためである。

　しかし，これは後順位債権者や占有屋にとってはありがたい規定であ

自殺などのあった物件

（79ページ参照）

　現況調査の段階で対象物件内で自殺のあったことが判明していた場合には，現況調査報告書に記載され，またかなりの減価をして評価書も作成されることになるから，入札するかどうかはその時点で判断は可能です。建物内で自殺などがあった場合でも，土地建物を買い受け，建物は取り壊して新築すれば気に

ならないという人ならば，かなりお得に入手できることもあるでしょう。しかしながら，現況調査の過程で執行官が対象物件において自殺があったことをうかがわせるような情報や風評に接しておらず，現況調査報告書に記載されない場合もないわけではありません。そのようなケースで入札に参加し，最高価買受申出人または買受人となった後に，対象物件において自殺者が出ていたことが判明した場合はどうしたらよいのでしょう。

る。短期賃貸借の範囲であれば，自分は短期賃借人だといって居座るだけ
で法律的にも保護されることになるからだ。しかし買受人にとっては，3
年も5年も占有者が物件に居座られてはたまらない。そのため，かつては，
抵当権の設定順位より占有の有無が問題にされ，一番○○占有者，二番○
○銀行抵当権などといわれたらしい。しかしこれには裁判所も黙ってはい
ない。以下に述べるような理論で，濫用される短期賃借権を排除していっ
た。

(1) 抵当権との併用賃借権

　かつては金融業者は抵当権を設定すると同時に，その物件に所有権移転
仮登記と賃借権仮登記を設定していた。こうしておけば債務者が返済をし
ない場合，金融業者は抵当権を実行して競売を申し立てることができる
し，所有権移転仮登記を本登記にして物件を丸取りしたり，賃借権を主張
して物件を占有することもできる。金融業者は抵当権，所有権移転仮登記，
賃借権仮登記のワンセットを三種の神器と呼んでいた。

　しかし，こうした所有権移転仮登記も賃借権仮登記も債権回収のための
ものであり，本来の目的とは異なるものである。そこで，1977年に最高裁
判所の判決は，抵当権と併用する賃借権は，担保を目的とするものである
から，短期賃借権であっても原則として消滅すること，つまり短期賃借権

　対象物件内で殺人事件や自殺があった場合
または病死や原因不明の死体があった場合な
どについて，判例を見てみると，民事執行法
第75条の類推適用を認め，売却不許可，ま
たは売却許可決定の取消を認めた判例もあり
ますが，その時期，態様など諸事情を考慮し
て同条の類推適用を認めなかった判例もあり
ます。判例の傾向としては，人の居住用建物
の場合は同条の類推適用を認め，商業用ビル
などでは認めないケースもあるようです。

　いずれにしても現況調査報告書に書かれて
いないからといって，自殺などがなかったと
言い切れるものではなく，競売物件を買い受
けようと思ったら現地へ行ってよく調査する
ことが必要です。

　なお，民事執行法第75条は代金を納付す
るときまでの規定なので，買受人が代金を納
付した後は，競売手続を取り消すことができ
ないのでご注意を。

であっても買受人に対抗できないことを明らかにした。抵当権に劣後しながら短期賃借権が認められるのは，本来物件の利用をはかるためのものだから，本来の目的と異なる債権回収のための短期賃借権は否定されたのである。この判決により三種の神器のうち短期賃借権の効力は否定され，このような短期賃借権を主張する占有者には，引渡命令により明渡しを求めることができることになった。

なお，この場合の所有権移転仮登記についても，1978年に仮登記担保契約に関する法律が制定され，債権者の丸取りは禁止された。すなわち，同法によれば，債権者は物件に設定した仮登記を本登記にして自己に帰属させる場合も，その価格が債権額を超過する場合は，これを清算し，差額を債務者に返還する義務を負うことになった。

(2) 用益（占有）のない短期賃借権

抵当権と併用された短期賃借権が否定されると，金融業者は短期賃借権だけを設定するようになった。しかし抵当権と併用されていない短期賃借権（単発型）であっても，本来の目的と異なる債権回収のための短期賃借権であれば，同様に認められない。そこで今日では単発型の短期賃借権で

あっても，実際に用益（占有）のない短期賃借権は否定されることになった。買受人は，引渡命令により明渡しを求めることができる。

(3) 濫用型，債権回収目的の短期賃借権

占有のない短期賃借権が否定されたので，金融業者はそれでは占有しようということになった。これまでにもたびたび述べた占有屋の登場である。

しかし，短期賃借権を主張する者が物件を占有していても，それが**濫用的な賃借権**や，**債権回収目的の賃借権**であるときは，短期賃借権は否定されることになった。あくまでも短期賃借権が認められるのは，物件の現実的な利用をはかるためだからである。

まず，濫用的な賃借権とは，執行妨害や売却基準価額を引き下げるために設定された賃借権であることが明らかなものをいう。たとえば，競売による差押え直前に入居し，現実に賃料を支払っているか不明という賃借権は，正常なものとは認められない。また，債権回収目的の賃借権とは，占有者が所有者に債権を有しており，その額を敷金，前払賃料としているといったケースである。こういった短期賃借権も，本来の目的と異なるので，否定され，引渡命令により明渡しを求めることができる。

るを得ないため，購入コストがはっきりしません。購入後の保有コストも不明です。どうも本気で売りたいのかと疑いたくなる有様です。こんなアバウトな公告内容のくせに代金納付期限は７日後と短く，もしこれに間に合わず代金を納付できなければ，なんと２年間「公売場」に入室禁止！（入札不可）です。

ただ，これだけ不親切だということもあって，参加する人は不動産競売に比較すると少なめかもしれません。もっとも物件量は多いのですが，対象となっている物件が全国各地の物件ですから，東京の人にしてみれば入札対象物件がむしろ少ないともいえます。

国税局以外の公売も売却方法は多くは同じです。109ページに「公売手続（期間入札）の流れ」を掲載しましたので参考にしてください。なお，近頃ではインターネットにより売却されるケースもあります（182ページColumn 参照）。

⑷　物件明細書，現況調査報告書の研究

　それでは，こうした短期賃借権について，現実の買受けにあたってはどのように判断すればよいのだろう。一番いいのは弁護士など専門家に相談することだ。特に引渡命令か，明渡訴訟かといった判断は裁判所の判断すら分かれることがある。素人判断は大けがのもとである。しかし，今日の競売制度は素人にも一応の判断ができるようになっている。それは，物件明細書（62ページ参照），現況調査報告書（70ページ参照）の記載内容から判断できる。

　現況調査報告書は前述したように，執行官が物件を現実に調査した結果を記載したものであり，また，物件明細書はこうした調査結果に基づいた法律的判断を記載してある。以前は物件明細書に引渡命令発令の可能性が記載されていたが，現在はそこまでの記載はないケースが多い。買受人は裁判所に備え付けの「競売手続ファイル・競売手続説明書」を参考にして，自ら判断しなければならない。

　まず，前述の⑴⑵⑶のケースでは，現況調査報告書に執行官が占有者から聴取した占有状況が記載される。たとえば，**濫用型の賃借権**では「私は，○○から依頼され，1ヶ月前に入居した。契約関係はどうなっているか分からない。」とか，**債権回収賃借権**のケースでは「賃料月額15万円，敷金100万円を払うつもりだ。ただし，債務者に対し1,000万円の貸付金があるので，債務者が弁済するまで家賃と敷金で回収したい。」などと記載される。そして，その結果，物件明細書の『4　物件の占有状況等に関する特記事項』欄に「○○が占有している。同人の賃借権は正常のものと認められない。」などと記載され，このケースでは引渡命令が認められることになる。

　また，差押えや仮差押えには物件の処分を禁止する効力があるので，これに劣後する短期賃借権は無効である。この場合は「○○が占有している。同人の賃借権は（仮）差押えに後れる。」などと記載され，引渡命令が認められることになる。

公売手続（期間入札）の流れ

【期間入札】

期間入札は、入札書の提出を行うことができる期間（入札期間）が連続した2日以上の期間である入札方法です。

期間入札では、入札期間において入札書の提出を受け付け、開札期日に開札します。

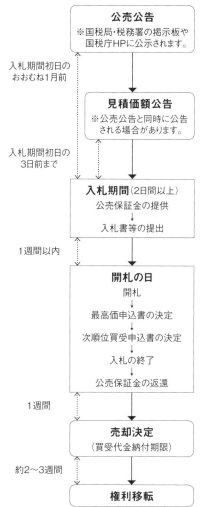

公売の流れ（概要）

1 入札期間まで

○入札期間初日のおおむね1月前に国税庁HP等に公売情報が掲載されますので、公売条件等（日時、方法、財産情報の詳細、その他留意事項等）を確認してください。
○見積価額については、入札期間初日の3日前までに掲載されます。
○買受けを希望する財産につき、関係公簿等や現況確認等により、必要な情報の収集を行ってください。
○買受適格証明書等、入札参加の条件となっている書類がある場合は、必要な書類を準備してください。
○公売保証金を準備してください。

2 入札期間

入札する場合の主な流れは次のとおりです。
○公売保証金を提供してください。
○必要書類を提出してください。
○入札書を提出してください。
○見積価額より低い金額では落札できません。

3 開札の日

○入札の結果が読み上げられます。
○入札金額が最も高かったほうが、最高価申込者として決定されます。
○落札できなかった方には公売保証金が返還されます。
（公売を妨害した場合など、公売保証金が返還されない場合があります。）

4 売却決定

○売却決定の日まで買受代金の全額を納付する必要があります。
○期限までに買受代金が納付されない場合は、売却決定が取り消され、公売保証金は返還されません。

5 権利移転

○引き渡しや登記に必要な書類、費用（送料、登録免許税等）などについては、落札されたほうが準備する必要があります。
○所有権移転登記については国税局・税務署が行います。

⑸　短期賃借権の濫用と親亀子亀理論

　短期賃借権の濫用に対する裁判所の対策は，以上に記したとおりである。まさに，占有屋との知恵比べであるが，現在では，これらのケースについては，裁判所の扱いも固まっている。

　また短期賃借権を設定したら，直ちに第三者に又貸し（転貸借という）をして，新たな賃借人（転借人という）から敷金や賃料前払いで債権の回収をはかるという場合もある。転借権は元の賃借権を前提とするものだから，元の賃借権が短期賃借権の濫用で買受人に対抗できないので，買受人は，明渡訴訟によって転借人に明渡しを求めることができる。問題は引渡命令が出るかである。この場合の転借人は占有屋ではなく，一般のユーザーである場合もある。つまり，最近の格安物件ありの情報を信じて入居したはいいが，いきなり執行官がやってきて，競売物件と知らされ驚いてしまうのである。

　結論からいうと，このケースについても引渡命令を出す扱いが東京地方裁判所などではなされている。その理論的説明として元の賃借権（親亀）がコケタラ，転借権（子亀）もコケルという説明がされている。つまり，転借権はあくまで元の賃借権を前提にするものだからである。まったく事情を知らずに入居した人には気の毒だが，引渡命令を肯定する裁判所の結論は妥当であろう。

⑹　保護される短期賃借権

　以上と異なり，保護される短期賃借権は買受人が引き継ぐことになる。先に述べた先順位賃借権と同じく，物件明細書の『3　買受人が負担することとなる他人の権利』という欄に期間，賃料等が記載される。しかし，先順位賃借権の賃借権と異なり，短期賃借権は，差押後に期間が満了したときには法定更新を主張できない。この点が前述の先順位賃借権との大きな違いである。

　保護される短期賃借権者に対して引渡命令が発令されないのは当然である。

⑺ 短期賃借権制度の廃止と明渡猶予制度の新設

2003年の改正法は，改正前民法395条の**短期賃貸借制度**を廃止した（短期賃借権の制度については104ページ参照）。短期賃借権については，占有屋等による執行妨害に濫用されるケースがあった。また，賃借人にとっても競売手続の開始時期によって，保護される賃貸借契約の期間が異なるなどの不合理な点が指摘されていた。しかし，こうした指摘に対しては濫用されている短期賃借権は一部であり，多数の正常な短期賃借権を保護するべきであるという意見も強かった。

こうした意見をふまえ，改正法は，現行の短期賃貸借制度は廃止し，抵当権に後れる賃貸借は，その期間の長短にかかわらず，抵当権者および競売における買受人に対抗することができないとした。しかしそれでは抵当権に後れる建物の賃借人は，競売による建物の売却によって突然に退去を求められることになってしまうので，建物賃借人を保護するため，抵当権者に対抗することができない賃貸借により建物を占有する者に対し，6ヶ月（政府原案では3ヶ月とされていたが，国会審議において，建物賃借人を保護する趣旨から6ヶ月に修正された）の明渡猶予期間を与えることと

column

明渡猶予の建物使用人と引渡命令

短期賃借権制度に代わって制定された**明渡猶予制度**はちょっとわかりにくいものです。これは，あくまで従前の賃借権者を保護しようとするだけの制度で，買受人との関係で賃借権を認めるものではありません。

一定期間（6ヶ月），建物使用（明渡しの猶予）を認めるものです。このとき，建物の使用に対しては無償ではなく，買受人は一定の使用対価を求めることができます。あくまで，使用対価であって，賃借権に基づく賃料

ではありません（ここがポイント！）。この使用対価は，一般的には従前の所有者との賃貸借契約に基づく額になります。ですから現況調査報告書に記載されている，従前の賃料が参考になります。

さて，この明渡猶予の建物使用人に対しても，6ヶ月後には引渡命令が認められます。そして引渡命令の申立期間は，買受人は代金納付後6ヶ月間となっていますが，この明渡猶予の建物使用人についてだけは，代金納付日から9ヶ月まで認められています（明渡猶予期間が終わっても退去しない場合を考えて

した。

　なお，改正法は，この法律の施行の際現に存する抵当不動産の短期賃貸借（この法律の施行後に更新されたものを含む）であって，当該抵当不動産の抵当権の登記後に対抗要件を備えたものに対する抵当権の効力については，なお従前の例によることとしている（改正法附則５条）。したがって，改正法の施行の際現に存する短期賃貸借については（それが改正法の施行後に更新された場合を含め），改正法の施行後も，引き続き改正前の短期賃貸借の規定が適用されることとなるので，買受人にとっては改正法施行後も短期賃借権についての知識が必要である。

の措置です）。

　さて，この明渡猶予の建物使用人が，もし請求したのに使用対価を支払われなかった場合はどうでしょうか。この場合は，①一定期間以上の相当期間を定めて，②１ヶ月以上の建物の使用相当額を催告し，③その期間内に支払いがない場合は，６ヶ月間の明渡猶予の制度は適用されなくなります。

　そういうことですから，買受人は，その建物使用人に引渡命令を申立てることができるのです（たとえ，支払い催告の期間経過後に支払ってきたとしても，引渡命令の発令及び

確定には影響がありません）。

　ところで，こういった建物使用人に対する引渡命令の申立には，その使用対価の「支払いの催告をしたことを証明する書類＜配達証明付き内容証明書＞を添付する必要があります（172ページ Column「明渡猶予者への対処」参照）。

5 買受人が引き受ける権利，義務の内容

競売不動産を投資用物件として購入する場合は，占有者に対して明渡しを求めることができるかが問題ではなく，物件の新オーナー（賃貸人）としてテナント（賃借人）に対し，請求できる権利や負担すべき義務の内容か問題となる。そこで以下買受人が引き受ける権利，義務の問題について説明するが，買受人が引き受ける権利，義務でよく問題となるものに，賃料，賃借権の期間，保証金（敷金），滞納管理費の問題がある。

(1) **賃料**

買受人が引き受ける賃借権に先順位賃借権（102ページ）と短期賃借権（104ページ以下）があり，引き受ける権利の内容は物件明細書に記載される（ただし，2003年の改正法により，新たに抵当権者の同意を登記した賃借権登記の制度が創設された）。

買受人は物件の所有権取得により前所有者との間の賃貸借契約を引き継ぐので，物件取得後は買受人は賃借人に対し賃料を請求できる。

金額についても，原則として前所有者との間の賃貸借契約を引き継ぐので物件明細書に記載された金額が賃料となる。増額や減額については賃借人との話合いによるが，話合いがつかなければ借地借家法により賃料の増減額請求の調停を申し立てることができる。

競売物件のなかには競売申立の前後で賃料が突然減額され，物件明細書に記載された賃料が適正賃料を大幅に下回っているケースがある。これは多くは前所有者（賃貸人）が賃借人に保証金を返還できないために賃料を減額したものであり，こうしたケースでは買受人は適正賃料への増額を求めることができる。

(2) **期間の定めのない賃借権**

短期賃借権のなかで物件明細書に「期限の定めなし」と記載されるものがある。判例上期限の定めのない建物賃借権は短期賃借権の保護を受けるとされ買受人が引き受けることになる。したがって買受人（賃貸人）から

解約するには正当事由が必要とされる（借地借家法28条　旧借家法１条の２）。しかし，正当事由の判断に際しては短期賃借権であることが考慮され，原則として買受人（賃貸人）は解約申入れをすることができ，物件明細書に「買受人は原則として何時でも解約申し入れができる。」と記載される。ただし何時でも解約申し入れができるといっても借地借家法（旧借家法）の適用があるので，解約申入れには６ヶ月の猶予期間をおく必要があり，直ちに明渡しを求めることはできない（借地借家法27条　旧借家法３条）。

　以上に対して，期限の定めのない建物所有を目的とする土地賃借権は旧借地法によって存続期間30年ないし60年に，借地借家法の適用がある場合は30年とされているので，短期賃借権として保護されない。

(3) 引き受ける保証金，敷金

　買受人にとって誤解を招きやすく，買受後によく問題となるものに，買受人が**引き受ける保証金，敷金**の問題がある。例えば物件明細書に「敷金5,000万円の主張があるが，過大であるため，適正敷金額（300万円）を考慮して売却基準価額を定めた」などと記載された物件明細書を見かけることがある。このような物件を落札した場合に引き受ける敷金は5,000万円なのか300万円なのか，いずれと判断するかによって物件購入の予算は大幅に変わってくるだろう。

　この問題についてまず，競売事件における物件明細書には公信力はないということを理解しなければならない。どういうことかといえば，上記の例で競売事件の裁判所は本件について買受人が引き受ける保証金を適正敷金相当額として300万円と判断し，評価においても300万円の敷金相当額の減価をおこなって売却基準価額を定め，買受人はこれらの記載を信頼して物件を購入したとしても，引き受ける敷金額が300万円と法的に定まるわけではないのである。あくまで買受人が引き受ける敷金相当額について賃借人が納得しなければ，後日別な裁判手続において解決されるべき問題である。したがって，後に賃借人もしくは買受人が提起した訴訟においても，

必ず買受人が引き受ける敷金相当額は300万円との裁判がなされるわけではないのである（63ページ物件明細書《注意書》の欄参照）。

　買受人が引き受ける保証金（敷金）の額を定める理論の一つは最高裁判所昭和51年3月4日判決である。この判決は「建物賃貸借契約締結に際し，保証金と称して賃貸人，賃借人間で授受される金員にはさまざまなものがあり，そのうち敷金とはその性質が異なり，建設協力金と称する貸金的な性質を有するものが存し，かかる建設協力金的性質の保証金については物件の所有権を譲り受けた新所有者は承継しない。」とした内容の判決である。したがって前記の例でいえば，5,000万円という保証金について，敷金以外に建設協力金的性質の金員が含まれているかという問題となり，仮に5,000万円のうち4,000万円は建設協力金的性質の金員であるとすれば，その額については買受人が引き受けないのである。そして敷金か建設協力金かは，元の所有者が賃借人より保証金をどのような約束で授受したのかといった事情等から判断されることになる。

⑷　引き受ける滞納管理費

　マンションの競売において，物件明細書の『5　その他買受けの参考となる事項』欄に「管理費等の滞納あり」と記載され，「管理費用等に関する調査結果」に「滞納金は○年○月分から合計○○万円」と記載されているものもよく見かける。建物の区分所有等に関する法律（マンション区分所有法）第8条は「前条第1項に規定する債権（滞納管理費など）は，債務者たる区分所有者の特定承継人（買受人）に対しても行うことができる。」と規定しており，この規定により買受人は前所有者の**滞納管理費**などを負担することになるのである。なぜこのような規定がつくられたかといえば，「滞納管理費を他の区分所有者が立て替え支出していれば建物全体の価値に化体しているから，そのような区分所有権を譲り受けた買受人は前所有者の滞納分も負担すべきである。」と説明されている。

　買受人にとって問題は，前述のとおり物件明細書には公信力はないので，物件明細書に滞納管理費の記載がなくとも，実際は○○円を滞納して

いたという場合，買受人はその金額を負担しなければならないのである。

　現実に筆者が担当した事件で，物件明細書や管理費用などに関する調査結果には「滞納管理費なし」と記載されていたが，実際には百万円以上の滞納管理費があり，買受人とマンションの管理組合との間で訴訟になったケースがある。

6 件外物件

　件外物件とは，競売の対象になっていない物件をいう（なお，現在の様式の物件明細書等には「件外物件」という表現ではなく「**売却対象外建物**」「**目的外建物**」と記載されている）。日本の民法は，土地と建物が別々な不動産とされているため，土地や建物にだけ抵当権が設定されることがあり，その場合は土地・建物一方だけが売却されることになる。こうした一方だけが売却された場合の，土地利用権がどうなるかについては，後述の法定地上権の項で説明する。

　件外物件で問題となるのは，こうしたケースではなく，占有屋が建物などを建築する場合である。占有屋が建築するものは建物にかぎらない。ある競売物件の庭に，突然，プレハブ2階建の事務所が建ち「全日本同和対

---

column

マンションの滞納管理費

　かつて，筆者の会社と交流のある福岡の競売不動産情報の発行会社である住宅速報社さんからあるお知らせをいただいた。その内容とはマンションにおける**滞納管理費**に関することで，福岡地裁本庁の競売物件（マンション）の物件明細書で「滞納管理費は過去5年分を価額に考慮」するという記載が出現したことでした。

　これは2004年4月23日に最高裁判所にて「マンションの管理費等の債権は，民法169条所定の債権（定期金債権）に該当，同条所定の5年間の短期消滅時効により消滅する」旨の判決がなされたことを受けての記載のようです。

　周知のとおりマンション滞納管理費は区分所有法により，例えば競売の買受人のような特定承継人が負担しなければならないこととなっています。そしてこの滞納管理費について，その時効に関しこれまで「5年説」と「10年説」の両方がありました。先の最高裁の判決がなされるまではどちらかといえば10年説が有利とされていました。10年ということであれば，ほとんどのマンションではこれを超える滞納は考えられないので問題はありませんが，5年となると話は違ってくるでしょう。

　売却基準価額の決定において控除されている滞納管理費等の内容をよく見て入札すべきでしょう。そして落札後は，滞納管理費がいつからの分なのか管理会社に再確認のうえ，支払うことにすべきでしょう。なお，2020年4月1日施行の民法改正で，短期消滅時効はなくなりました。しかし新民法でも，滞納管理費等は消滅時効期間は5年です。

策○○協議会」という看板がかかげられた。また，ある物件では，いつの
まにか駐車場に止めてあった車が，「政治団体○○結社　憲法改正北方領
土返還」と書かれた街宣車に替わっていた。いずれの物件の所有者も，同
和問題にも，政治団体にもかかわりはなかった。

　なぜ競売では，このようなことが起きるかといえば，占有屋さんの知恵
である。誰も「○○協議会」や「政治団体○○結社」と名乗る人が占有し
ている物件を買い受けようとは思わない。その結果，売却基準価額は低く
なり，占有屋さんは自ら買い受けてもいいし，あるいは買受人には多額の
立退料を要求することができた。

　ただし，2003年の改正法により，抵当権設定後の土地上に，土地所有者
以外の第三者が建物を建築した場合，抵当権者はその建物についても競売
を申し立てることができることとなった。

7 強制執行

　競売不動産の明渡しのほとんどが，買受人と占有者の話合いにより任意に明け渡されるのが現状である。しかしなかには占有屋や暴力団が何らの権原もないのに物件に居座り，法外な立退料を要求しているケースや常識的な明渡しの協議が整わないこともあり，そのような場合は明渡しのための**強制執行**を実施しなければならない。

強制執行に要する費用

　現実に強制執行を実施する場合の費用はいくらかかるのでしょうか。以下は，筆者が実際に担当した事件の費用を基に費用を算出したものです。

　物件は都心の中層マンションの一室でした。室内の間取りは，6畳と4畳半の和室にキッチン，風呂，トイレで床面積は約40㎡です。この部屋は現況調査書によれば，夫婦2人がごく普通に使っていることになっていました。

　まず，強制執行を申し立てる時点で執行の費用を裁判所に予納しなければなりません（東京地方裁判所では65,000円（対象が1物件の場合）を予納して後に精算されます）。

　次に執行官と執行補助者とともに催告に行き室内に入りましたが，住人は不在でした。そこで○月○日までに退去しない場合は，強制的に荷物を搬出する旨の催告書を掲示しました。そして，同行してもらった執行補助者に，次回強制執行する場合の費用を見積もってもらいます。室内は食卓，イス，冷蔵庫，テレビ，タンスなどの夫婦2人が日常生活するための家財道具があり，現在もここで生活している様子でした。この催告に要した費用は，以下のとおりでした。

　　立会人費用　1名30,000円
　　解錠技術者　1名25,000円
　　以上合計55,000円

　結局，立退期限までに夫婦から何の連絡もなく，○月○日に強制執行を実施しました。夫婦2人で生活している2Kのマンションの強制執行に要した費用は，以下のとおりでした。

　　執行立会人費用　1名35,000円
　　搬出作業員費用
　　　1名35,000円×12名　420,000円
　　解錠及び錠前交換一式　40,000円
　　運送車両2トン車2台
　　　34,000円×2台　68,000円
　　梱包資材費等一式　50,000円
　　保管料1ヶ月　21,000円
　　以上合計634,000円

※各費用の単価は当時のもので，また各業者によって異なるので，以上はあくまで参考です。

(1) 強制執行の準備

　強制執行を実施するにはまず判決，引渡命令といった債務名義が必要である（21ページ参照）。さらに，その債務名義に基づき強制執行できる旨の公証文が必要であり，これを執行文という。買受人は裁判所から執行文の付与を受けなければならない。また強制執行開始の要件として，債務名義が相手方に送達されたことが要件なので，債務名義が相手方に送達されたことの証明書を入手しなければならない。

　買受人は，以上の執行文付の債務名義正本および債務名義の送達証明書などを添付資料として，各裁判所の執行官宛に強制執行の申立てを行う。またその際，執行官の手数料などを予納しなければならない。

　以上で強制執行の申立手続が終了したら，次は強制執行を担当する執行官と，強制執行実施の日時などを打ち合わせなければならない。

(2) 強制執行の実施方法

　家屋の明渡しの強制執行は，現実に居座っている占有者を立ち退かせ，室内にある家財道具を運び出し，建物の占有を完全に排除して買受人に引き渡す方法による。しかし，通常執行官はいきなり荷物を運び出したりはしない。1回目は執行官が建物内に立入り，占有者に「何月何日までに任意に退去しない場合は，すべて荷物を運び出し保管する。」と催告するだけで終了する。多くは頑強に立ち退きを拒否している占有者も，この**催告**に従って任意退去するケースが多い。

　催告にもかかわらず期日までに任意に退去しない場合は，今度は現実に家財道具を運び出す（一般的には「**断行**」といわれる）。そのためには，搬出する荷物を確認して目録を調製する執行補助者や，荷物を梱包して搬出する業者や，搬出した荷物を一時保管する倉庫などを手配しなければならない。こうしたことを執行官の指示に従って短時間に安全確実に行うには，専門の執行補助者や経験のある作業員が必要になる。

(3) 強制執行にかかる費用

　以上のような強制執行を実施するための人員や保管場所の確保は，買受人が行わなくてはならない。買受人がこうした専門業者に依頼しやすくするため，東京地方裁判所の執行官室では，あらかじめ作成した業者名簿のなかから適当な業者を選定して，執行官に申し出る方法がとられている。

　強制執行に要する費用は，法律上は強制執行を受ける側が負担することになっている（民事執行法42条1項）。しかし，相手方は資力がないのが通常なので取り立てることは困難であり，現実には買受人が負担することになる。具体的にいくらかかるかについては，119ページを参照されたい。

　強制執行によって搬出した家財道具はあくまで相手方の物なので，買受人が勝手に処分することはできない。しかし，執行官は相手方が荷物を引き取らない場合は，その荷物を売却することができる。実際は1ヶ月くらい保管して，その間に相手方が引き取りに来ない場合は売却する。売却するといっても，買う人がいなければ買受人が買ってそのうえで廃棄処分するしかないのが現実である（2003年の改正により，執行官はケースによっては動産を保管せず，即時に売却することができることとなった。改正民事執行法168条5項。127ページ参照）。

Coffee Break

民暴の女

　伊丹十三監督の「民暴の女」という映画をご覧になった読者もおられるでしょう。この映画は，暴力団等の民事介入暴力（暴力団等が不動産競売などの民事事件に，不正な利益を得る目的で事件当事者，代理人として暴力，脅し等を手段として介入すること）と闘う女性弁護士の活躍をえがいた映画です。

　日本弁護士連合会や各都道府県の弁護士会には「民事介入暴力対策特別委員会」が設置され，現実に「民暴の女（弁護士）」が活躍しています。

　筆者も「民暴委員会」にお世話になったことがあります。筆者の依頼者が，競売物件としてテナントビルを落札しました。ところがその１室について，物件明細書には短期賃借権者として個人名が記載されていましたが，現況調査書には「物件は氏名不詳者数名が使用していた。賃借人について尋ねたところ，現在お務め中？と述べた。」と記載されていました。落札後に調査したところ，この部屋は広域暴力団が組事務所として使用していることが明らかとなりました。しかも，その部屋の賃借人は実際刑務所に服役しているらしく（お務め中），他の組員が留守番をしていたのです。依頼者は，とんだおまけが付いた物件を買い受けたものです。

　筆者は直ちに賃貸借契約解除の通知を出すとともに，占有移転禁止の仮処分を申し立て執行しました。仮処分の執行のため執行官とともに室内に入ると，室内には組の代紋，神棚等が設置され，「民暴の女」に登場する暴力団事務所そのものでした。おそらく執行官が現況調査した際は，入室を拒否されたのでしょう。筆者は所属する弁護士会の民暴委員会に依頼し，委員会所属の弁護士とともにその後，本裁判の提起，判決に基づく強制執行を実施したのです。

　競売物件には，こうしたとんでもないおまけが付いた物件があります。しかし，もしこういったおまけ付の物件を落札しても，相手が暴力団だからといって安易に妥協はすべきではありません。その場合は「民暴の女」に依頼すべきです。「民暴の女」は映画のなかではなく，現実に各弁護士会に存在し活躍しているのです。

8 保全処分

(1) 保全処分とは何か

不動産競売事件において悪質な執行妨害が行われている事案では，民事執行法上の**保全処分**，それも執行官保管の保全処分が可能か，検討するべきである。後述のとおり，執行官保管の保全処分が認められれば訴訟手続によらず，しかも通常の強制執行であれば，実施する明渡しの催告も要しない。いきなりすべての荷物を搬出し，以降は執行官が物件を保管するのである。

なぜこのような保全処分が認められているかといえば，不動産競売においては，差押登記をすることにより所有者は物件を処分することはできなくなるが（差押えの効力），所有者は物件の事実的な使用や収益は禁止されない。したがって所有者は差押え後も物件を賃貸し，賃料を取得することもできる。しかし物件は，早晩競売手続において売却されるのであるから，所有者の使用収益が競売手続における売却の妨げとなる場合は，所有者の使用収益が禁止されてもやむを得ない。特に執行妨害行為は，厳に禁止されなければならない。このように，所有者の事実上の使用収益行為によって競売手続に支障が生じている場合に，所有者の使用収益を禁止したり，使用収益行為の結果生じている事態を排除するための裁判手続が，民事執行法上の保全処分なのである（東京地裁民事執行実務研究会編「民事執行法上の保全処分」）。

(2) 民事執行法上の保全処分の類型

民事執行法55条は不動産の占有者が不動産の価格を減少させる行為を行った場合に，差押債権者の申立てによる保全処分を，また同法77条は占有者などが不動産の価格を減少させたり，その引渡しを困難にする場合に最高価買受申出人または買受人の申立てによる保全処分を認めている。

さらに，1996年の民事執行法改正において不動産競売開始決定前の保全処分の制度が新設され（法187条），1998年の改正においては，買受けの申

出をした差押債権者のための保全処分が新設された（法68条の2）。

⑶　保全処分で何ができるか

　2003年の改正により，保全処分の類型として以下の3類型が定められた（改正民事執行法55条，68条の2，77条，187条）。

①価格減少行為者に対し，当該価格減少行為を禁止し，または一定の行為を命ずる。必要があると認めるときは公示保全処分を含む。

②価格減少行為者に対し，不動産に対する占有を解いて執行官に引き渡すこと，執行官に保管させることを命ずる（従来の執行官保管の保全処分に相当）。必要があると認めるときは公示保全処分を含む。

③価格減少行為者に対し，不動産に対する占有を解いて執行官に引き渡すことを命じ，執行官に保管させる。価格減少行為者に対して，不動産の占有の移転を禁止することを命ずる。ただし当該不動産の使用を許す（従来の占有移転禁止の保全処分に相当）。執行官は以上の処分がなされていることを公示する（公示保全処分の新設）。

⑷　具体的な手続

　以上のように，民事執行法上の保全処分は，特に買受人にとって執行妨害の排除には極めて有効な法的手続といえる。しかし，このように強力な手続であるだけに，裁判所は簡単に執行官保管の保全処分を発令してくれない。そこで申立人は，保全の必要性などについて明快な理由と的確な資料を裁判所に提出する必要がある。したがって，悪質な執行妨害案件については経験のある弁護士に相談し，執行官保管の保全処分による執行妨害の排除を検討すべきである。

9 改正法による明渡手続についてのケーススタディ

　以上のように，2003年の改正法は競売不動産について明渡しを受ける方法を大きく変更した。そこで改正法に基づき買受人が競売不動産の占有者から物件の明渡しを受ける方法について，そのポイントを二つのケースに基づき解説する。

ケース1

　入札者は，土地付一戸建を落札し，建物をリフォームして販売する計画である。競売記録上，土地，建物は同一所有者だが，建物は賃借人が所有者より期間2年で賃借し家族と居住している。賃借人は毎月賃料を支払っており敷金も差し入れている。物件明細書によればこの賃貸借契約は改正法施行後に締結されたもので抵当権に後れ，買受人には対抗できない。ただし，代金納付日から6ヶ月明渡しが猶予されると記載されている。

　入札者は買受け後どのような法的手続によって賃借人に立退きを求めることができるか。

　改正法施行後の賃貸借については短期賃借権は認められないが，6ヶ月の明渡猶予期間があるので直ちに明渡しを求めることはできない（改正民法395条1項）。しかしこの6ヶ月の期間は文字どおり「**明渡猶予期間**」であって，占有者に新たに賃借権等の権利を付与するものとは考えられていないので，買受人は期間経過後は理由なく明渡しを求めることができる。また，占有者はこの6ヶ月間無償で建物を使えるわけではなく，買受人に使用料相当額を支払わなければならない。そして，この使用料相当額について「買受人が建物使用者に対し，相当の期間を定めて1ヶ月分以上の支払いを催告し，使用者より相当の期間内に履行がない場合は，猶予期間は適用されない。」と改正法は定めており，賃料不払いによる解除に類する

処理がなされることになる（改正民法395条2項）。賃借人が所有者に差し入れた敷金の扱いについては問題だが，買受人に賃借権を対抗できない以上，買受人は敷金を引き継がないと考えられている。

　6ヶ月たっても賃借人が明け渡さない場合は，引渡命令に基づき強制執行手続をとることになる。6ヶ月間の明渡猶予期間が設けられたことから，引渡命令の申立期間について「買受時に民法395条第1項に規定する建物使用者（6ヶ月間の明渡猶予期間が適用される使用者）が占有していた建物については9ヶ月」とされた（改正民事執行法83条2項）。

ケース2

　入札者は，マンションの一室を落札し，内装をリフォームして販売する計画である。競売記録上，買受人に対抗しうる賃借権は存在しないが，氏名不詳の者が占有していると記載されていた。入札者が買受後現場に行くと，郵便受けには居住者の表示はなく，チャイムをならすが応答はない。管理人さんに聞くと「〇号室は以前は所有者が居住していたが，現在誰が住んでいるのかわからない。何人かが出入りしているようだ。」とのことであった。

　買受人はどのような法的手続によって建物の明渡しを求めることができるか。

　改正法以前はこのような氏名不詳者に対する保全処分の方法として，まず前所有者等以前の占有者を相手方として保全処分の発令を求め（建物内に前所有者等の家具等存在して占有しているとの想定），保全処分の執行の際に執行官に現在の占有者を調査してもらい（前所有者が占有していなければ執行不能となるが現在の占有者が判明する可能性がある），現在の占有者に対し再度保全処分を求めるという方法をとらざるを得なかった。さらに，再度の保全処分の執行時に占有者が変更され，再び執行不能となるケースすらあった。

改正民事執行法は，こうした占有者の特定困難な執行妨害に対処するため，保全処分の相手方である占有者を特定することを困難とする特別の事情がある場合には，相手方を特定しないで保全処分を発令することができることとした。この場合の「特定することを困難とする特別の事情」とは，具体的にどのような事情があれば認められるかは，実務の運用から判断するしかないが，筆者は本ケースのような事情があれば認めてよいのではないかと考えている。

　買受人としては，改正民事執行法77条**買受人のための保全処分**を，相手方を特定しないで裁判所に申し立てる。この保全処分は保全処分の執行時に不動産を占有していた者が相手方となる（改正民事執行法55条の2第3項）。

　民事執行法上の保全処分（占有移転禁止の保全処分および公示保全処分）が執行された場合は当事者恒定効が認められるので，買受人が引渡命令に基づき強制執行を実施しようとした際，さらに第三者に占有が移転していた場合であっても，その第三者に対する承継執行文の付与を受けて執行することができる（改正民事執行法83条の2）。

　強制執行手続を実施する場合，原則として直ちに明渡しの断行手続はとらず1ヶ月程度の猶予期間を設けるが，もしその期間内に占有者が占有を第三者に移転しても，新たな占有者に対して明渡しの執行を実施することができる（改正民事執行法168条の2）。また，明渡断行の際に，ケースによっては残置動産を保管することなく，即時にその場で売却することも可能となった（改正民事執行法168条5項，同規則154条の2）。

伝家の宝刀　執行官保管の保全処分

　保全処分のなかでも**執行官保管の保全処分**は，明渡しの強制執行と同様に室内の家財道具をすべて運び出し，鍵も替えて扉は封印します。以降は執行官が物件を保管し，もし封印を破棄して勝手に入室すれば犯罪となります。しかも，債務名義に基づく強制執行であれば事前に任意の立ち退きを催告する（118ページ参照）のに対し，執行官保管の保全処分は，催告なしにいきなりすべてを運び出してしまいます。

　筆者が担当した事件の相手方は，法律や競売実務に詳しい**占有屋**グループでした。彼らの手口は，強制執行の実施前に占有名義を変えるだけでなく室内の内装まで変えてしまって，その後明渡しの強制執行を不能にしてしまうのです。そこで依頼を受けた筆者は，裁判所に占有屋が極めて悪質な執行妨害を行っているという証拠を提出して，執行官保管の保全処分を求めました。裁判所は筆者の申立てを認め，占有屋が物件の引渡しを困難にする可能性が高いとして執行官保管の保全処分を発令しました。裁判所から保全処分の発令を受けた筆者は，直ちに（催告なしに）保全処分を執行しました。予想どおり室内は以前の間取り図とは異なる内装が施されていましたが，室内のすべての荷物を搬出し扉は封印されました。これには法律に詳しい占有屋もびっくりしたようです。しかしその後，占有屋は催告もなしに執行したのはけしからんという理由で執行抗告の申立てを行い，保全処分が違法であることを理由に，買受人や筆者に対し損害賠償を求めるといってきました。むろんそのような申立てが認められなかったことはいうまでもありません。占有屋は強制執行についての知識はあっても，保全処分については理解していなかったようです。

　執行官保管の保全処分は，買受人にとってまさに伝家の宝刀です。しかし伝家の宝刀だけにやたらには抜けません。裁判所もこのような強力な手段なので，悪質な執行妨害が行われているなど必要性が認められる場合しか発令しないのです。伝家の宝刀だけに，簡単に抜いて占有屋を一刀両断というわけにはいかないのです。

Part 5

特殊物件について

1 特殊物件を購入する

　特殊物件とは法律用語ではなく，一種の業界用語である。土地，建物について単純所有権として購入する場合以外は，すべて特殊物件といえるが，一般に特殊物件として購入の対象になるものは，次ページの表にかかげたものがある。

　以下これらの物件について説明していくが，これらの特殊物件に共通するのは，購入後の計画をしっかりたてることである。それも実現性の高い計画でなければならない。この点を誤ると，とんだガラクタを手にしてしまう。しかし一見するとガラクタだが，その後の処理方法によっては大化けするのもこの特殊物件といえよう。そういう意味では素人向きではないが，法律や不動産のプロと十分な相談のうえでなら，チャレンジする価値のある物件である。

特 殊 物 件	買受後の処理方法		
底　　　地	①借地権者から借地権を買う ②一部借地権と交換する	→	完全所有権へ
	③借地権者に転売	→	転売益の確保
	④そのまま保有する	→	地代の確保
借 地 権 付 建　　物	①底地を土地所有者から買う	→	完全所有者へ
	②土地所有者へ転売	→	転売益の確保
	③そのまま所有する	→	借地条件の明確化
法 定 地 上 権 付　建　物	①底地を土地所有者から買う	→	完全所有者へ
	②土地所有者へ転売	→	転売益の確保
	③そのまま所有する	→	地上権の設定登記
使 用 借 地 権 付　建　物	①底地を土地所有者から買う	→	完全所有者へ
	②土地所有者へ転売	→	転売益の確保
	③そのまま所有する	→	借地契約の締結
件外建物付 土　　　地	①建物の所有者から建物を買う ②建物所有者に明渡しを求める　（収去請求）	→	完全所有権へ

2 法定地上権付建物

(1) 法定地上権とは何か

　まず，法定地上権から説明しよう。日本の民法は土地とその上に建つ建物は別々な不動産としている（ちなみにドイツ民法は一つの不動産とする）。そこで，その一方だけを売却することができる。

　その場合，任意に売却するときは，新しい所有者と土地の利用権について協議することができるが，競売では不可能である。そこで競売の結果，土地と建物の所有者が異なった場合の，土地利用権を確保するために認められたのが法定地上権である。

　したがって，法定地上権が認められる要件は次のとおりである。

①土地または建物の一方もしくは双方に抵当権が設定（強制競売の場合は差押え）されていること。

②抵当権設定時（強制競売では差押え時），土地・建物が同一所有者に属していること。

　その時点で別々な所有者であれば，土地に賃借権などの土地利用権が設定されているはずだから，買受人はその利用権を引き継ぐことになり，法定地上権を認める必要はない。

column

法定地上権と一括売却

　法定地上権は本文で述べたとおり，日本の民法が土地と建物を別々な不動産としたことに由来する，法技術的な制度です。そのため一般の人には分かりにくい制度でしょう。しかし，現実の不動産競売においては，土地・建物が一括売却になるケースが多く，法定地上権が成立するケースは，それほど多くありません。競売において数個の不動産は個別の売却を原則としますが，土地とその地上建物のような一括して売却することが適当な場合は，裁判所の判断によって一括して売却することができます（民事執行法61条）。つまり土地とその地上建物のような，同一買受人に売却したほうが経済的効用も高く，高値で売

③抵当権設定時（強制競売では差押え時），土地上に建物が存在すること。
　　　更地に抵当権を設定したときは，担保価値を更地として評価しているので，その後に建てられた建物に法定地上権を認めては，評価額の下落により債権者に不利益が生ずるからである。
④競売によって土地と建物が別人に帰属すること。
　　　一括売却で同一人が土地・建物を買い受ければ法定地上権を認める必要はない。しかし，法定地上権は土地，建物の一方だけに抵当権が設定されている場合だけでなく，双方に設定されている場合でも，別々の人が買い受けたときには成立する。そのため，土地・建物が，一括して競売申立てがされた場合も，不動産評価書には建物価格に地上権価格がプラスして評価され，建物と底地の価格の逆転現象が生ずるのである（80ページを参照）。
　　　こうした法定地上権が認められる場合は，物件明細書の『2　売却により成立する法定地上権の概要』の欄に「本件建物のため，地番○○番の土地につき地上権成立」と記載される（63ページの物件明細書を参照）。

(2)　買受人が取得する地上権の内容

　　　法定地上権が成立する建物を購入した買受人は，建物の所有権と法定地上権を取得する。
　　　裁判所は建物の所有権移転登記はしてくれるが，地上権の登記はしてく

却できる場合は，所有者が異なる場合でも，一括して売却し個別の売却は認めないのです。
　　　土地・建物が同一所有者に属する場合，金融機関はその一方だけに担保権を設定することはまずありません。双方に担保が設定され，双方について競売が申し立てられると，**一括売却**となる可能性が高いのです。した

がって買受人は一方だけを買い受けることはできないので，結局法定地上権は問題になりません。ただし土地・建物の双方について競売の申立てがなされても，その一方だけで債権者の債権額を弁済できる場合は，所有者の同意がなければ一方だけしか売却されないので，その場合は売却されなかった土地か建物に法定地上権が成立することになります。

れない。しかし借地借家法（旧建物保護法）により建物登記さえあれば，第三者に対抗できるので買受人は保護される。また地上権者は所有者に登記請求権を有するので（下記 Column「地上権と賃借権」参照），土地所有者に対し地上権の登記も請求できる。

地上権者は土地所有者から請求があれば，地代を払わなければならない。地代の額について当事者で話合いがつけば問題はないが，話合いがつかなければ裁判所が定める。地代の額について裁判所は，従来，東京都内の住居地では，近隣の地代も参考にして，おおむね公租公課（固定資産税と都市計画税）の２倍から３倍（なお，住宅地の場合，小規模住宅地の軽減措置を考慮しないこともある）を目安に定めている。

(3) 買受後の処理

法定地上権は前述したとおり，賃借権よりはるかに強い権利である。

自由譲渡性があるので，第三者に譲渡するにも地主の承諾は不要であ

> **column**

地上権と賃借権

一般の人にとって賃借権はよく知っていても，地上権という権利はあまりなじみがないでしょう。地上権も賃借権と同様に他人の土地を利用できる権利であり，借地借家法の適用があります。地上権と賃借権との違いは，賃借権が契約（債権）なのに対し，地上権が所有権と同様に物権であることに由来します。地上権は物権であるから何人にも主張できます。地主は地上権の登記に応ずる義務があり，登記した地上権は新所有者にも対抗できます。これに対し賃借権は契約ですから，原則として賃貸人にしか主張できません。不動産の賃借権は登記することができますが，地主はこれに応ずる義務はないとされています。したがって，土地所有者が土地を第三者に譲渡すれば，賃借人は新所有者には賃借権は主張できません（売買は賃貸を破るといいます）。しかし，それでは土地，建物の賃借人は安心して住むことができないので，借地借家法（旧借家法・旧建物保護法）により，賃借権の登記がなくても，建物の引渡しがあれば，特別に対抗力が認められています。したがって，対抗力の問題については地上権も賃借権と大きな違いはありません（賃借権の物権化という）。しかし，賃借人が賃借権を譲渡するには地主の承諾が必要であり，無断譲渡は賃借権の解除原因になります。これに対し地上権は，地上権を第三者に譲渡するにも所有者の承諾は不要であり，自由譲渡性を有する点は大きな違いとして残っています。

る。つまり譲渡するときも承諾料を払う必要がない。地上権の登記もできる。登記すれば抵当権等を設定して金融を得ることも可能である。昨今はやりの定期借地権など，およびにもならないほど建物所有者にとって強力な権利である。そのために地主は土地を貸す場合も，地上権を設定したがらなかったので，地上権はなじみのうすい権利になってしまった。

このように，地上権は強力な権利なので，地上権付建物として保有するのも一つの方法である。

しかし不動産市場では地上権付建物はあまりお目にかからないのが現実である。その原因は，一般に地上権という権利になじみがないせいもあり，そのために業者もこういった物件を敬遠してきたことにもよるのではないかと思う。また，これまでは地上権付建物の購入は，底地の所有権取得を目的とすることが多かった。

前述したとおり，地上権の地代の額について裁判所は，東京都内の住居

> **column**

使用貸借

使用貸借とは，無償で他人の物を借りて使用，収益した後その物を返還する契約をいいます（民法593条）。無償，つまりただで使わしてもらう権利である点が，賃貸借と大きく異なります。現代の経済社会において，ただで他人の物を使う関係が成立する場合は，貸す側と借りる側に何らかの特別な関係，例えば借りる人が知人，友人とか，期間が短期間といった理由がある場合に限られるでしょう。具体的には，友人から本を借りて読み終わったら返すという関係です。

使用貸借とはこのような権利関係であるので，①返還時期を定めたときはそのときに返還します。②返還時期を定めなかったときは，借主は契約に定めた目的に従い使用および収益を終わったとき（借りた本を読み終わったとき），その以前でも使用および収益をなすにたる期間を経過したとき（本を読み終わらなくても通常であれば読み終わる期間が経過したとき），貸主は直ちに返還を請求できます。③返還時期または使用および収益の目的を定めなかったときは貸主はいつでも返還を請求できます（民法597条）。④使用貸借は借主の死亡により効力を失います（民法599条）。土地，建物についても使用貸借が成立する場合もありますが，使用借権には借地借家法（旧借家法・旧借地法）の適用はないので，上記いずれかの場合，借主は直ちに明け渡さなければなりません。

地では，近隣の地代を参考にして，おおむね公租公課（固定資産税と都市計画税）などを考慮して定めていたので，従来は比較的地代は低額になった。そこで，物件の不動産価値と利回りを計算すれば底地を売却したほうが有利ということになり，これまでは地主も底地の売却に応ずる可能性が高かった。

　しかし，今後はその時々の情勢で地主の対応も，具体的ケースごとに異なったものとなろう。

3 借地権付建物

(1) 借地権付建物の購入

建物所有を目的とした土地借地権は，法律的には建物に従属する権利と考えられているので，建物が売却されると建物所有権に伴って建物の買受人に移転する。建物の買受人は，建物を買い受けると土地賃借権も取得できる。買受人が取得する賃借権の賃借期間や賃料は，原則として，従前の賃借権に定められたものを引き継ぐことになる。したがって，**借地権付建物**の購入にあたっては，土地賃借権の内容を十分に確認しなければならない。これは，鑑定評価書と物件明細書に記載されるので注意が必要である（76ページ Part 3「4 不動産評価書」と63ページの物件明細書を参照）。

---

column

借地権付建物の地主の譲渡承諾について①

借地権付建物の競売物件で，その借地権の多くが賃借権です。この場合，競落後，買受人は土地所有者との間で土地賃貸借契約を結ばなければなりません。そしてこの土地賃貸借契約の締結にあたっては，大抵土地所有者に譲渡承諾料の支払いが必要になります。

この譲渡承諾料については，本文にあるとおり，借地権価格の10％程度が，その目安になります。その額について裁判所の評価書では，売却基準価額を設定する際に減額を施しています。その方法の一例として，「敷地利用権等割合」を借地権割合が70％地域のところで，その割合を0.63とすることがあ

ります。

これは，借地権の割合が70％の地域（路線価図や，取引市場動向等から導かれます）において名義変更料を借地権の10％と考え，これを控除して，「0.7×（1－0.1）＝0.63」といった計算過程です（つまり，名義変更料は0.07ということです。ですから借地権割合が70％の地域では，1坪100万円の更地価格では，その0.07％である1坪7万円ということです）。

買受人が競落後，土地所有者に名義変更をお願いするにあたって，この評価書記載の計算金額を名義変更料の目安として交渉されるとよいでしょう。

(2)　承諾料の問題

　法定地上権のところで説明したように，賃借権は地上権と異なり，譲渡するには賃貸人の承諾を必要とする。これは不動産競売においても異ならない。賃貸人の承諾がなければ，買受人は建物を買い受けても土地賃借権を取得できない。賃貸人の任意の承諾を得られない場合は，買受人は賃貸人の承諾に替わる裁判を求めることができる（借地借家法20条）。任意の承諾を得る場合もそうだが，裁判の場合も原則として承諾料の支払いが必要となる。承諾料の額も裁判所が定めるが，裁判所は，東京都内の住居地では，賃借権の残存期間にもよるが，おおむね借地権価格の１割程度を目安に定めている。承諾料は買受人の負担であるが，売却基準価額における借地権の鑑定評価額は，この承諾料を減額して定められる場合が多いので，通常は買受人にとって過重な負担にはならない。

(3)　係争物件

　借地権付建物の購入にあたって注意すべきは，すでに賃貸人と賃借人との間で紛争が生じている場合である。賃借人は，競売を申し立てられるぐらいだから地代を滞納している場合がある。地代の滞納は賃借権の解除理由になる。さらに，前述したとおり，買受人は従前の賃借権を引き継ぐから，前の賃借人の地代の滞納を理由に，買受後に賃借権を解除される可能性もある。したがって，借地権付建物の購入にあたっては，地代の滞納の有無も含め，賃貸人に直接確認しておくべきである。

　すでに賃貸人と賃借人との間で紛争が生じている場合，特に訴訟にまでなっている場合は，物件明細書にその旨が記載され，鑑定評価額は係争減価がなされている。借地権価格について５割の係争減価がなされている物件は，５割の価値があるというわけではない。将来裁判で敗訴すれば，借地権は消滅し価値はゼロとなってしまう。

(4)　借地権付建物の買受後の処理

　借地権付建物の買受人としては，土地所有者の承諾を受け，買受後賃借人として賃料を払っていけば問題はない。借地借家法（旧借地法）の適用

があるので，期間が満了しても建物が存在すれば，通常は法定更新される。もう一つの方法は底地も買い受け，完全所有権の土地，建物にすることである。前述したように，賃借権は第三者に譲渡するにも賃貸人の承諾が必要だし，建物を改築，増築するにも制限を受ける。土地所有権に比べれば資産価値も大きく異なる。しかし底地の取得は，当然ながら底地の所有者の意向による。この点買受人としてどのように判断し対処すべきか。

　まず，事前に底地の所有者にリサーチすることである。所有者にまったく売る気がなければ時間の無駄である。所有者に少しでもその気があれば可能性がある。所有者の理解を得るには，競売の鑑定評価書や売却基準価額を活用すべきである。所有者に買受人の買受後の計画なども理解してもらわなくてはならない。そのうえで売却許可決定と同時に底地も売却してもらうべきである。時間が経過すると関係者の熱意もさめ，問題もまとまらない。こうしたことは素人では困難である。法律と不動産のプロに代理や仲介をしてもらうべきであろう。

column

借地権付建物の地主の譲渡承諾について②

　また，土地所有者はお寺など，宗教法人であることが多いようですが，土地所有者の内容は，現況調査報告書の「目的外土地の概況」という欄をよく確認すべきです。未納地代がある場合や，係争の有無など，重要な情報が記載されています。

　なお，土地所有者との間で，土地賃貸借契約が任意で締結ができない場合は，代金納付の日から2ヶ月までの間，裁判所に対し，「借地権譲受許可の申立」ができます（期限に要注意です）。

　これを行い，裁判所が認めれば，示した譲渡承諾料の支払いを条件に借地権の譲渡を土地所有者の代わりに承諾をしてくれます。

　なお土地所有者が，国（財務省）の場合は，名義変更料の予定が立てやすいことや，土地の購入についても交渉しやすいので，そういう物件には多くの入札が集まりがちです。
（Chapter 2 Part 3「東京地裁開札トピックスから」2018年2月5日号参照）

4 底地

(1) 底地を取得する

底地とは，前述した法定地上権や賃借権など，建物利用権が設定されている敷地所有権である。

こうした底地の所有権を取得するメリットはどこにあるのだろう。まず，取得することにより，将来も安定した賃料（地代）収入が見込める。ただ，取得価格によっては低い投資利回りしか得られないこともあり，できれば一挙に地上権，賃借権を買い取って，土地，建物を完全所有権とし

---

column

底地ってお買い得？

競売・公売（主に公売）の物件の中にも底地というものがあります。底地は第三者への転売が難しいこともあって，あまり人気がありません。競落されたとしても入札は1～2本といったところです。底地には住宅や事務所・店舗などの建物が建っています。借地借家法という法律により，この建物を自分で使用するために取り壊してもらうことは，大変困難です。それでは底地を競落するメリットがないのかといえば一概にはいえません。底地を買えば地代がもらえます。底地の競落水準はというと，年間地代収入の20～30倍（固定資産税等の負担を考慮すると年利回り2～3％）程度のものも多く，収益目的として入札を検討できるでしょう。しかも地代は建物の賃貸と違って補修・維持管理コストが掛からないこともあって手間いらずで，安定収入といえます。また，底地を競落すると借地人である建物所有者が買い取りたい意向を

示すことがあり，良い値段で売れれば売却益を得られます。また，逆に借地権をお金に換えたい意向があれば，底地と一緒に所有権として第三者に売却し，ここで売却益を得られるチャンスもあります。さらに，更新料や名義変更料もまとまった金額になり，地代の他のボーナスが期待できます。

しかし，借地人が底地を買ってくれたり，逆に売却するということが何時生じるか予測はつきませんし，もしこういったことがなければ底地は転売しにくいところから半永久的に保有しなければならないというところに問題はあります。しかし，考え方で年金代わりの投資として底地は優れているともいえます。建物賃貸ですと，補修やら何やら大家さんの仕事は結構あるものです。それに比べれば底地は手間いらず。皆様も一度ご投資をご検討されてはいかがですか。

（Chapter 2 Part 3「東京地裁開札トピックスから」2018年6月11日号参照）

たいところだ。

⑵　どうやって地上権，賃借権を買い取るか

　地上権，賃借権付建物の買受人が底地を買い取る場合と同様である。事前の地上権，賃借権者に対するリサーチ。競売手続における不動産鑑定書の利用。買受けと同時に地上権，賃借権者の合意を得る。場合によっては弁護士などに代理人になってもらう。……などが必要である。さらにいえば買受人の熱意と，無理と判断したときのあきらめが肝心といえようか。

5 使用借権付建物と件外物件

(1) 使用借権付建物

　使用借権は，無償で他人の物を使用，収益できる権利である（134ペー
ジ Column「使用貸借」を参照）。借地借家法（旧借地法・旧借家法）の
適用もなく，賃借権に比べ格段に弱い権利である。不動産競売で建物と土
地の使用借権を取得しても，借地借家法（旧借地法・旧借家法）の適用が
ないため，土地所有者から返還を請求されたら，ほとんど無条件で返還し
なければならない。明渡料も期待すべきでない。したがって**使用借権付建
物**を取得する場合は，事前に地主と十分な協議が必要である。

　しかし，不動産競売においては，ある意味で使用借権付建物はおもしろ
い物件といえよう。土地所有者との話合いしだいでは，競売をきっかけに，
建物に価値があれば土地の使用借権を賃借権に変更して買い受けたり，建
物に価値がなければ建物取り壊し費用を負担して底地の所有権を買い受け
るという方法も考えられる。しかし，いずれも土地所有者の考え方しだい
である。したがって，使用借権付建物は，土地所有者に対する事前のリサー
チが重要である。土地所有者の意向を見誤ると，前述したとおり，使用借
権は土地所有者から返還を請求されたら，ほとんど無条件で返還しなけれ
ばならない権利であるから，使用借権付建物は完全なガラクタである。

column

件外物件か競売対象物件か

　件外物件は115ページでも述べたとおり，
買受人にとってやっかいな物です。買受人に
とってやっかいだけでなく，思わぬ法律問題
が発生することもあります。

　以下は，筆者が体験したケースです。都内
世田谷区の豪邸と敷地が競売になりました。

ところが，その豪邸の敷地の庭木だけについ
て，別に競売が申し立てられました。一部の
債権者が債権回収のため，庭木を土地とは別
個の物として差し押えたのです。ちなみに豪
邸の庭木だけあって，木だけで数百万円はす
るとのこと。しかし土地を買ったら，原則と
してそこに生えている木も一緒に買ったと考
えるのではないでしょうか。法律論でも，土

Coffee Break

現代の一夜城　件外物件

戦国時代に，豊臣秀吉は小田原の北条氏を攻めた際，小田原城の近くに一夜にして城を築き，北条側の戦意を喪失させたと伝えられています。

不動産競売における件外物件は，現代の一夜城のようなものです。占有屋さんも一夜というわけにはいきませんが，素早く城塞をつくります。戦国武将の旗印のように○○協議会とか，政治結社○○社と書かれた旗が立ちます。それを見た買受人は買う意欲を喪失します。

バブルの時期には，こうした大仕事をする占有屋さんがよくいました。ところが最近は減ったように感じます。おそらくバブルの時期は不動産の価格がどんどん騰っていたので，占有すればするだけ占有屋さんの実入りも大きく，したがって城を築いて篭城しても，十分回収できたのでしょう。ところが，バブル崩壊後は不動産の価格が下がってしまい，占有屋さんも長期間篭城していては，回収が難しくなったのではないかと思います。

最近の占有屋さんは，以前に述べたように，占有すると，さっさと第三者に転貸して，敷金，前払賃料で回収するというスマートな方法を好みます。一夜城を築き，旗印をかかげることは少なくなったように思います。

地に設定された抵当権は土地上の庭木に及ぶと考えられています。そこで筆者は，土地とは別な庭木だけの競売に異議を申し立てました。

庭木は土地と一体だが，それとは逆に土地上にあっても別々な物もあります。ある地方の土地，建物が競売になりました。その広大な敷地の一角に，最近都会では見られなくなった，小さな神社を個人が祭っていました。その神社は庭木と同様に土地と一体の物として競売対象物件になるのでしょうか。法律的にも問題です。いずれにしてもその神社は撤去することになりましたが，相手は神様なのでいきなり撤去するのも抵抗があり，近くの神社の神主さんにお払いをしてもらい撤去したのでした。

(2) 件外物件

件外物件（現在の物件明細書の様式では「売却対象外建物」「目的外建物」などと記載される）とは，競売の対象になっていない物件である（117ページ Part 4「6 件外物件」を参照）。したがって，件外物件自体を競売で買い受けることはできないから，ここでは件外物件が存在する物件を買い受けるメリットということになる。それは何といっても件外物件が存在することによって，売却基準価額が低価になることである。しかし，売却基準価額が低価であっても，その後の示談または裁判費用および件外物件の取り壊し費用を考えなくてはならないから，売却価格は安くても，お買得とはいえない物件も多い。また解決までにある程度の時間がかかることも覚悟しなければならない。件外物件が占有屋による執行妨害の物件であるときは，弁護士に相談して，法的手続をとるべきである。相手は占有のプロだから，素人が下手な交渉や示談をしても，法外な立退料を要求されるのは目に見えているし，買受後に問題が生ずることもある。

なお，2003年の改正法によって，抵当権設定後に第三者が土地上に建築された建物についても一括競売が認められたが，抵当権者は必ず一括競売するとは限らないので，改正法施行後も件外物件の問題は発生する。

買受けの事例研究 その1 （居住用物件の場合）

Part 6

1 物件選択

　さて，これまで競売の入札参加にあたって，項目ごとにその手続や注意すべきことを記載してきたが，ここでは具体的に不動産の入手事例を挙げて説明していくこととする。

　まずは，物件の選択からであるが，既に説明のとおり，インターネットの競売物件情報などから，希望物件の候補を選び出す。一戸建か，マンションか，アパートか，または土地か，不動産の種類を決め，さらに予算によりふるいにかける。

　ここで紹介するのは，筆者が係わった実例を参考に作った仮想のケーススタディである。

　令和5年5月下旬，入札者（仮に「田中さん」としておく）から筆者に対し，競売物件を取得したいとの依頼があった。田中さんの希望はマンション。条件は，3LDK程度の間取りで，価格は3,000万円から4,000万円。

なるべく築年は新しく，西武池袋線または，西武新宿線の物件との内容であった。そこで，インターネットの競売物件情報を丹念に見ていくと，一つの物件の情報に目がとまった。

1. 交通　　　　　西武新宿線「野方」駅　徒歩13分
2. 所在地　　　　練馬区豊玉南３丁目
3. 売却基準価額　2,602万円
4. 専有面積　　　54.90㎡　バルコニー　5㎡
5. 間取り　　　　３LDK
6. 総戸数　　　　32戸　３階建の１階部分
7. 築年　　　　　平成20年３月
8. 管理費　　　　１万5,100円（修繕積立金含む）
9. 事件番号　　　令和４年（ケ）○○○号
10. 入札期間　　　令和５年７月１日から７日まで
　　　開札期日　　　７月14日

　田中さんが，希望にほぼ沿っていると強く興味を示されたので，まずは**BIT システム**（9 ページ参照）で物件概要と三点セットを見てみる。物件概要から三点セットへ進み，物件明細書（63ページ以下 Part 3「２物件明細書」参照）に目を通す。法人所有ではあるが，占有しているのはその法人の代表者である（当該法人の代表者は，引渡命令申立てにおいて法人と同一視される）。また，現況調査報告書（71ページ以下 Part 3「３現況調査報告書」参照）によると，賃借権を主張する第三者は，現況調査時点では，占有の実体がなかったとのことである。ということは，今現在，この者が住んでいるとしても，差押え後の占有ということになるわけだから，彼の立場は非常に弱いといえる。ここまでの段階で十分入札対象として検討できそうだ。そこで，占有者の個人名などの確認のため三点セットの実物を裁判所（東京地裁民事執行センター）に確認に行く。次ページに掲載したのが，この第三者橋本と称する人間からの回答書である。現況調査の内容から考えると，この回答書は，まったくつじつまがあっていない。

年 （ ） 第　　　号

借家契約等に関する回答書

年 10 月 3 日

住所　練馬区豊玉南３丁目○番○号
回答者　氏名　橋　本　　真
電話　☎０３- ○○○○ - ○○○○

1　別紙に記載の建物は、あなたの所有ですか。
　　はい　　　　　　　　　　いいえ
2　あなたの所有である場合は、登記名義が他の人である理由を記載して下さい。

3　あなたの所有でない場合は、次の質問に答えて下さい。
　⑴　いつから住んで（使って）いますか。
　　　　　　　　　平成20年10月１日から
　⑵　どのような理由、条件で使っているのですか。
　　　（ア）　無料で使っている。
　　　　その理由
　　　（イ）　賃借している。
　　　　貸　　主
　　　（最初の契約）
　　　　契約をした日　　　　年10月１日
　　　　契約期間　　　　　　　月１日から３年
　　　　賃　　料　１ヶ月　　　20万円　毎月末日払い
　　　　敷　　金　　　　　　　40万円
　　　　保証金　　　　　　　　　　円（返還義務　有、無）
　　　（契約書があれば、そのコピーを同封してください）
　　　（更新契約）
　　　　契約をした日　　　　年10月１日
　　　　契約期間　　　　　　年10月１日から３年
　　　　賃　　料　１ヶ月　　　30万円　毎月末日払い
　　　　敷　　金　　　　　　　40万円
　　　　保 証 金　　　　　　　　　円（返還義務　有、無）
　　　（契約書があれば、そのコピーを同封してください）
　⑶　家賃の支払状況
　　　　滞納　　無　　有　　　　　　円（　　年　　月分から）
　⑷　その他に、主張したいことがあれば、裏面に記載してください。

おそらく，競売手続の妨害か，または，債権回収目的の賃借のように思われる。しかし，現況調査報告書には，そこまで踏み込んだ見解は書かれていない。したがって，本当の理由は，推測するより他はない。

　以上の状況であれば，どうやら，買受後は，両者に対し引渡命令の申立てをすれば認められそうだ。

　次に，部屋の間取図を見る。希望にほぼ沿った3LDKである。ただし，1階部分なので，陽当たりが気になる。写真を見ると，外観はなかなか立派なマンションだったが，室内は雑然としていて，よくわからない。確かに誰かが生活しているのは見てとれる。不動産評価書には，特段の法的制限などのマイナス面の記述はない。早速三点セットの必要部分をコピーし，持ち帰った。そして，当該マンションの登記簿謄本を法務局で取得したところ，債権者は①都市銀行，②大手ノンバンク，③建設会社，④個人，⑤財務省，⑥東京都，といった内容である。かなり派手に根抵当権，抵当権が設定されているが，すべて所有会社の債務に基づく設定登記のようだ。

　さて，田中さんと面談し，資料を手渡すとともに，その内容の概略を説明した。その要旨は次のとおりである。
①マンション全体は，グレードが良さそうだ。
②明渡しについては，引渡命令もとれそうなので，目途はつくだろう。
③管理費の滞納がある。記録によれば，現時点で25万円程度になりそうだ。
④売却基準価額の設定は，現在の市場価格をインターネットなどで調べたところ，3割安程度になっているようだ。

　以上を踏まえ，田中さんは早速，現地の確認をしたいとのことだったため，翌日現地を訪れることとした。

　駅から現地まで，12，3分歩くと，そこに対象マンションが見えた。低層マンションで，全面にタイルが貼ってあり，なかなかきれいである。周辺の環境も良い。共用部分の管理も行き届いており，管理事務室には，管理員の方が座っていた。管理員さんに来訪の目的を告げ，当該住戸のこと

を聞いてみると、事件記録のとおり、所有会社の社長、丸山氏が住んでいるのではないかとのことだった。また、管理費の滞納額などについては、ここでは分からないという回答だった。

　対象となっている住戸の郵便受には、所有会社の名称「エス・コーポレーション」および、「橋本真」と連署した紙が貼られていた。玄関ドアの表札部分も同様だった。電気メーターがゆっくりと回転しているところを見ると、確かに誰かは居住しているのだろう。気になっていた陽当りも、バルコニー側へ回ってみると、さほど悪くはなさそうだ。

　現地調査を終え、田中さんとの打合せの結果、この物件の入札を行うこととした。入札にあたり、田中さんはあらかじめ、銀行に資金の調達について相談しに行くことにした。融資を受けようとする銀行は、田中さんとかねてから取引があり、物件の資料を持っていくと、すぐに検討してくれることとなった。その際、田中さんが、融資担当者に対し、①競売不動産への銀行の抵当権設定登記は、裁判所への代金納付手続予定日の5日前まで（土日、祝日などの裁判所閉庁日を除いて計算）に別途所定の届出（民事執行法82条2項）が必要であること、そして、②引渡しを受けるまでには、ある程度時間がかかる旨を十分に説明したことは、いうまでもない。

　さて、こうして入札物件は決定したのであるが、次の問題は、いくらで入札したらいいのか、また、その際、全体の予算はどれだけなのか？　ということである。そこで、一つは、入札価額の検討、そしてもう一つは、付帯費用の予算立てを行うこととした。これにより、銀行からの融資額も決まってくる。

Coffee Break

　バブルの頃には億の値がついた，都心の億ションの明渡しに行ったときのことです。

　オートロックシステムの鍵を開けてもらい部屋に入ると，現れたのは昼だというのに起きたばかりの女性が一人でした。彼女はこのマンションに住む前は銀座にお勤めだったそうです。当初は移転先がないため立退に難色を示していた彼女も，「このマンションの所有者は，バブル崩壊により事業に失敗して破産してしまい，このマンションも競売されてしまった。だから彼はもうここに来ることはないかもしれない。」と説明すると，彼女はマンションの所有者の名義を自分にしていないことを悔しがっていましたが，1週間後にはきれいに片付けて引っ越して行きました。まさに金の切れ目が縁の切れ目です。

　その後しばらくして，私の事務所に，その彼女から「また銀座に勤めるようになったので新しいお店に来てください。」という電話を頂きましたが，丁重にお断わりしました。転んでもただでは起きない，銀座の女性の強さを見た気がしました。

2 買受けの予算を立てる

　入札物件を決めた田中さんと，入札価額の検討に入った。

　まずそれには，買受代金の他にどれだけ付帯費用がかかるかを出してみる必要がある。152ページに掲載したのが，付帯費用の予算書である。

　はじめに，所有権移転登記にかかる『登録免許税』であるが，これは，土地建物とも課税価格である固定資産評価額に税率2％を乗じた金額である。このときマンションの土地課税価格は全体の敷地の評価額にその部屋の土地共有持分を乗じたものになる。しかし，この計算の元になる固定資産税評価額はかつて評価書に記載されていたが，現在は個人情報の関係とのことで記載がない。したがって評価書中，土地と建物の積算価格の約6割程度を想定の固定資産税評価額として計算することとする。さらに買い受けた不動産の抵当権などの登記抹消に要する登録免許税として不動産の個数×1,000円が加算される。不動産の個数は登記簿ごとの単位になるので，一戸建で敷地が数筆にもなっている場合はそれぞれの筆が個数に勘定される。またマンションの場合は土地の持分が建物の記載されている「敷地権」登記となっているものであっても，土地・建物別ものとして個数に勘定される。

　他に，代金納付にあたり，郵便切手代2千円強が必要となり，また，引渡命令を申し立てる場合は，さらに，印紙代5百円＋郵便切手代約2千円が必要となる。本例では，一応，引渡命令申立てを前提として，計算してある。

　さて，『内装工事代』であるが，競売不動産は，あらかじめ内部を点検できず，内装費がいくらかかるかの予想は大変難しい。本例では，いわゆる表装をすべて行うものとして予算を立てた。築年の古いマンションなどは，水回りの補修などにお金がかかるケースが多く，その分はみておいたほうがよいだろう。また，競売不動産ということもあり，鍵の交換代なども考えておかなければなるまい。

さて，問題の『**明渡交渉費**』であるが，本例の場合，引渡命令がとれる物件なので，もし，強制執行による明渡しを行うとした場合に要する費用を計上しておいた。この金額をベースに，占有者と示談交渉に臨む。

　『滞納管理費』については，管理会社へ問い合せて調べる。本例の場合は，15ヶ月分の滞納があり，これに，明渡完了までの期間を考慮し，予算計上した。

　『不動産取得税』については，納税通知書が送達されてくるのが代金納付後半年後位である。しかも，田中さんは自住用として購入されるため，課税軽減が受けられる。なお，自住用ではない場合，35万円程度は課税されよう。

　さて，以上のとおり，付帯費用の予算を立てたところで，いよいよ入札価額の決定である。田中さんがもし，売却基準価額で落札できれば，全体予算は，

　　　　本体価格　　2,602万円
　　＋付帯費用　　　265万円
　　　　合計　　　　2,867万円

となるわけだ。

　市場価格の3,900万円〜4,100万円と比すれば，３割引以上で入手できる。しかし，売却基準価額ちょうどで落札できるのだろうか。

　（なお，本例のように弊社にコンサルティングを依頼した場合，別途弊社への業務委託費が掛かる。なお，金額は依頼内容によって異なるので，詳細を知りたい場合は株式会社ワイズ不動産投資顧問にご連絡願いたい。）

付帯費用の予算書

1. 登録免許税他　　約350,000円
   〈登録免許税〉
   所有権移転登記分
   土地想定課税価格　敷地全体（1222.74㎡）の想定固定資産税評
   　　　　　　　　　価額
   　　　　　　　　　300,000,000円
   　　　　　　　　　共有持分　3,515／100,000
   　　　　　　　　　300,000,000円×3,515／100,000
   　　　　　　　　　＝10,545,000円
   建物想定課税価格　想定固定資産税評価額　6,500,000円
   土地建物想定課税価格合計　17,045,000円
   想定登録免許税額　17,045,000円×2％＝340,900円
   負担記入登記抹消分
   2　（不動産の個数）×1,000円＝2,000円
   〈登記手続用郵便切手代〉　　約2,000円
   〈引渡命令用印紙および郵便切手代〉　約3,000円

2. 内装工事代他　　約1,400,000円
   　　　　　　　　　専有面積×25,000円／㎡

3. 明渡交渉費　　約　600,000円

4. 滞納管理費　　約　250,000円

5. 不動産取得税　　約　50,000円　　自ら居住の場合の軽減後
   （後日）

   合計　約2,650,000円

※この他に所定の弊社への業務委託費用（入札価格の見積り及び購入手続の
　アドバイスなど）が掛かる。また明渡し交渉を代理人（弁護士）に依頼す
　る場合は，別途弁護士報酬を要する。

Coffee Break

　良い物件は，なかなか落札できないようになってきました。競売ビジネスを成功するためには，一工夫も二工夫も必要な時代になりました。そこで，特売物件にも目を向けてみることを，お勧めします。

　特売物件のような売れ残りに良い物件はないのでは，という声が聞こえます。確かに売れ残りではありますが，物件によっては，取組み方でビジネスチャンスを創出できることがあります。

　かつて，筆者の扱った特売物件で，自己啓発（？）セミナー開催を業とする会社が業績好調時にたっぷりお金をかけて作った，セミナー施設がありました。立地は至便で良かったものの，大きな吹き抜けといくつかのセミナーホールからなるその建物は，強烈な個性のため，通常のさまざまの用法にはなかなか転用できず，入札者が現われなかった物件でした。そんなある日，筆者の関係者からセミナー運営会社が（といっても今度は理工系の堅い会社でしたが），業績進展によりセミナー会場確保が難しくなったため自社保有用のセミナービルを求めているとの情報が入り，先の物件を当該会社の社長さんに紹介したところ，すっかり気に入られ，入札することとなりました。まさに特殊用途の物件が，特殊用途の買主にはまった好例でした。物件情報を管理していなければ，この物件流通は起こらなかったといえます。

　また借地権付建物が競売市場には一般市場に比較して数が多いです。借地権付建物は安く入手できる場合が多いのですが，地主さんの譲渡承諾を必要とします。

　現実には多くのケースで，この地主さんとの譲渡承諾で揉めてしまいます。ただし地主が国である場合は別です。事前におおよその譲渡承諾料の額を教えてくれますし，名義変更後は底地自体の売却にも応じてくれます。国が地主の借地権付物件は狙い目物件の一つでしょう。（Chapter 2　Part 3「東京地裁開札トピックスから」2018年2月5日号および2018年3月5日号参照）

3 入札，そして開札

　入札価額検討にあたり，ここ最近の入札傾向を見てみることにした。この半年間で，開札対象となった物件数は，約500物件。この中から類似の物件の開札結果を拾い出してみた。なお，金融機関の自己競落，または，それに準ずる入札については除いた（本例においては，債権者内容から，まずそういったことはないと予想している）。

　主な開札結果事例を検討したところ，入札なしの物件もあり，さほどの競合は考えられない。しかし，築年が新しく，また，引渡命令のとれる物件については，そこそこ入札が集まっている。田中さんとしては，予算は4,000万円程度はあるものの，できれば，より割安に入手したい。

　そこで，打合せの結果，入札が10〜15本入ると仮定し，売却基準価額の35％弱を上乗せし，入札することとした。具体的には，入札価額3,160万2千円としたのである。

　なお，入札価額には戦術的に端数である2,000円を付けた。田中さんは，融資を受ける銀行に，予算書を提出した。さらに，融資額を全体予算の8割程度とし，約2,700万円を申し込むこととした。そして入札書を作成し，入札保証金520.4万円を銀行から振り込んだ。入札保証金振込証明書をはじめ，入札書類一式を整え，東京地裁民事執行センターの執行官室へ提出した。

　入札してから1週間経ち，いよいよ開札日（7月14日）となり，田中さんと東京地裁民事執行センターの売却場へと足を運んだ。

　午前9時30分，いよいよ開札である。入札書の入った箱が開けられ，入札書が1枚ずつ封筒から出される。入札書は物件ごとにバインダーに挟まれて，執行官の手元に渡されていった。執行官は，渡された入札書をチェックしていく。こうした作業に30分位要した後，開札結果の読上げに移っていった。次々と開札結果が読まれ，いよいよ田中さんが入札した物件の番である。事件番号，物件番号売却基準が読まれた。そして，入札の

結果である。「入札本数16本で最高価買受申出人は入札価額3,160万2,000円で田中△△と決定します。なお，次順位が入札者○○建設入札価額3,051万円です。」と告げられた。これを聞くと，思わず田中さんと握手をしたのであった。落札が決定し，田中さんと今後のスケジュールを打合せした。まず，基本的なスケジュールは，

 ①売却許可決定　2023年7月21日

 ②売却許可決定確定　2023年7月28日

 ③代金納付　2023年9月下旬～10月上旬

 といったところだろう。

 占有者との接触は，当初の打合せどおり，売却許可決定が確定し，売却許可決定の謄本が取れてからとすることとした。田中さんには，融資銀行に落札できたことを報告してもらうこととした。そして7月21日，157ページのような売却許可決定が東京地裁民事執行センターに掲示されたのである。

類似の物件の開札結果

	交通	築年・間取り（専有面積）	売却基準価額（A）	落札価額（B）（(B)／(A)%）	入札本数	落札者	引渡命令
①	西武池袋線 東長崎駅 歩8分	1996年築 2DK (43.50㎡)	2328万円	2661.2万円 (114.3%)	14本	業者	可
②	西武新宿線 中井駅 歩2分	1993年築 2K (30.97㎡)	1920万円	2105.2万円 (109.6%)	8本	業者	可
③	西武池袋線 中村橋駅 歩2分	2001年築 1LDK (37.58㎡)	2007万円	2319.3万円 (115.5%)	2本	個人	可
④	西武新宿線 武蔵関駅 歩10分	2007年築 2LDK (55.37㎡)	2693万円	3708.8万円 (137.7%)	5本	個人	可
⑤	西部新宿線 都立家政駅 歩11分	1999年築 3LDK (62.96㎡)	2687万円	3247.6万円 (120.8%)	10本	業者	可

売 却 許 可 決 定

住　所　東京都○×区○×町○‐○‐○

氏　名　田中 △ △

上記の者は，別紙物件目録記載の不動産について

金31,602,000円

の額で買受けの申出をしたので，売却を許可する。

　　年7月21日

　　東京地方裁判所民事第21部

　　　　裁判官　○　○　○　○

4 明渡交渉，そして代金納付

　売却許可決定後1週間は，執行抗告期間である。執行抗告がないことを祈りつつ，期間の経過を待った。

　1週間が経過し，無事執行抗告も無かったことから，占有者への通知をすることとした。裁判所に売却許可決定謄本を申請し，これを受領。占有者へ以下の内容を記した差出人を田中さんとした通知文を作成した。

　所有権が2023年9月下旬から10月上旬に差出人へ移転すること。

　所有権移転後は遅滞無く明渡しをお願いしたいこと。

　明渡しに際しては引越し費用の提供を考えていること。

　作成後，売却許可決定謄本の写し（金額のところは伏せてコピーを取った）を添付し田中さんの名前にて郵送した（丸山氏本人宛「親展」とした普通郵便にて）。

　田中さんの連絡窓口として当方の電話番号などを記載しておくと，2日後，丸山氏から当方に連絡があった。丸山氏はこの電話で，本物件を使用しているのは自分および橋本である旨を告げた。橋本には一部屋のみ自分が貸し付けているのだという。明渡しについては，出ていかなければいけないことは分かっているが，当方の条件次第であるとのことだった。

　それとなく希望条件を聞いてみると，約200万円程度は欲しいとのことである。というのも，一部屋貸してある橋本への借金返済だけで100万円かかり，自分の移転費用を考えるならば，それ位の金額になるというのである。一応の言い分を聞いた後，後日連絡をする旨伝え，先方の連絡先を控えた。早速，田中さんと善後策を協議した結果，明渡費用はなるべく当初予算内とするため，次の方針を決定した。

①**代金納付**を早め，3週間後程度とする。

②代金納付と同時に引渡命令を申し立てる。

③引渡命令が発令されてから，占有者と交渉し，できる限り当初の明渡費用での決着を図る。

占有者も，引渡命令書が送達されれば，歩み寄る姿勢を見せるだろうと計算したのである。代金納付期日を書記官と打合せ，前倒しを図るとともに，融資銀行にも，このスケジュールを知らせた。

　時は経ち，代金納付の日がやってきた。前の日のうちに裁判所へは残代金を，そして登録免許税も税務署に振込みが終わっている。代金納付に必要な書類，そして引渡命令申立書，申立書添付の物件目録，当事者目録をそれぞれ作成し，東京地裁民事執行センター不動産配当係のところへ赴いた。代金納付，そして引渡命令申立ては無事終わった。

5 明渡完了！ 晴れて自分のものに

　引渡命令の申立ては，その相手方を「(株) エス・コーポレーション」およびその代表者である丸山氏，そしてさらに第三者の占有者橋本氏としていたが，申立てから約5日後，無事引渡命令が発令され，命令書が送達された。その後田中さんと相談の上，明渡費用60万円，明渡期限10月末日との条件を記した文書を作成し，これを先方に郵送したところ，丸山氏から応諾の旨連絡があった。

　これを受けて，明渡しの意思を確定するためにも合意書を作成することとし，案文を呈示させていただき，右に掲げた内容で作成することとした。その後丸山氏に連絡し，田中さんと丸山氏との間で無事当該合意書を締結していただき，無事明渡しが完了，田中さんは晴れて買受物件を手に入れたのである。当初の予算に比し，内装工事費がやや多くかかってしまったものの，あとはほぼ予定通りに進んだ。内装工事も終わり，鍵の交換も行った。もちろん，管理会社への滞納管理費も納めた。入札を決心してから4ヶ月半あまり，競売不動産入手のドラマは，ここに幕を閉じたのである。

合　意　書

　(株)エス・コーポレーション，丸山正，橋本真(以下「甲」という。)と，田中△△(以下「乙」という。)とは，後記建物の表示記載の建物の明渡しに関し，以下のとおり合意する。

1．甲は，後記建物の表示記載の建物(以下「本件建物」という。)内に存する一切の動産を，　　年10月31日迄に他に搬出したうえで，本件建物を同日限り乙に明け渡す。
2．乙は，　　年10月31日迄に本件建物の明渡しを受けるのと引換えに，本件建物の明渡費用として金60万円を甲に支払う。

　　但し，甲が　　年10月31日迄に本件建物を乙に明け渡さなかったときは，以降甲は，乙から明渡費用の支払いを受けることは出来ず，乙に対し第3項記載の遅延損害金を支払わなければならない。
3．甲は，　　年10月31日迄に本件建物を乙に明け渡さなかったときは，以降，本件建物を明け渡すまで，一日当たり金2万円の遅延損害金を乙に支払う。
4．甲は，　　年10月31日以降本件建物内に残置した動産については，全てその所有権を放棄し，乙が本件建物内に立ち入りこれを任意に処分しても，何ら異議を述べない。

　　この場合は，乙が残置物の処分を完了した日をもって，甲の本件建物の明渡し完了日とする。
5．甲は乙に対し，本件建物の明渡しに関し第2項記載の明渡し費用を除いて，その名目の如何を問わず，金銭その他一切の請求をしない。

　以上のとおり合意が成立したので，本合意書4通を作成し，甲，乙署名捺印のうえ，甲3通，乙1通各々保有する。

　　　　年10月××日

Part 7 買受けの事例研究 その2（投資用物件の場合）

1 物件選択

　さて前ページまでの事例研究は居住用物件についてであるが，競売不動産の中には「買って貸す。」つまり投資向きの物件も多く含まれている。

　その代表例は，ワンルームマンションである。

　ここに紹介する買受け事例は，筆者の会社（株式会社ワイズ不動産投資顧問の関連会社，以下「W社」という）にて落札した事例をもとに作成したものである（詳細の項目は仮定である）。

　W社は賃貸収益目的での投資先としてワンルームマンションも手掛けているが，2023年6月，以下の物件に入札することとした。

　　1．事件番号　　平成25年（ケ）第○○○○号　物件番号1
　　2．交　　通　　東京メトロ千代田線「根津」駅　徒歩5分
　　3．専有面積　　15.28㎡（壁芯面積　18.02㎡）
　　4．間取り　　　ワンルーム

5．総戸数・階数　37戸　4階建（対象住戸　2階部分）

6．築年月　　1994年6月

7．管理費等　月額　9,210円（修繕積立金含む）

8．固定資産税・都市計画税（平成25年度）　年額25,919円（土地建物合計）

9．入札スケジュール

　入札期間　2023年6月5日から6月12日まで

　開札期日　2023年6月19日

10．売却基準価額　988万円（買受可能価額　470万4,000円）

　さて，現況調査報告書に記載の占有状況は以下のとおりである。

・占有権原　賃借権

・占有者　田中良子

・占有開始時期　2020年11月30日

・現在の契約等　2022年11月30日から2024年11月29日まで2年間

・契約等当事者　貸主　所有者，借主　占有者

・賃料・支払時期等　毎月75,000円

・敷金　150,000円

　一方で物件明細書の記載は以下のとおりである。

『3．買受人が負担することとなる他人の権利』

【物件番号1】

　なし

『4．物件の占有状況等に関する特記事項』

【物件番号1】

　田中良子が占有している。同人の賃借権は抵当権に後れる。ただし，代金納付から6ヶ月間明渡しが猶予される。

　以上の記載から占有者は2020年11月30日に最初に賃貸借契約を結んで占有したようである。この場合は占有者の占有権原は，買受人が代金を納付

した後は消えることになり，買受人は田中さんに対して，明渡しを請求できる。ただし，Part 3『2　物件明細書』，Part 4『4　短期賃借権及び明渡猶予制度』に記載したように，明渡しを6ヶ月間買受人に待ってもらうことができるのである。

　ただ，この物件はW社が，賃貸収益獲得目的での入札なので，田中さんが安定的に賃借をしてくれるのであれば，そのまま借りていてもらってよいだろう。

　これは，競落できた場合に，その後の判断になる。

　事件記録を点検したあとは，物件調査と相場の確認である。

　物件資料をもとに現地へ赴く。実際に駅から近く，周辺も賑やかで利便性もある。建物はオートロックではないものの全面タイル貼りで，管理状態はほどほど良い。

　占有者の確認は表札が出ていなかったので記録どおり「田中氏」であるかは不明だが電気メーターがかすかに動いており，部屋が使用されていることは確かのようだ。

　気になる張り紙や，別名での表札掲示などがないので記録内容を信用することとした。

　その後管理会社に連絡し管理費・修繕積立金の滞納額を確認したところ20万円強であることが分かり，これも事件記録と齟齬はない。

Coffee Break

　2000年11月に出版された「金持ち父さん，貧乏父さん」（ロバート・キヨサキ，シャロン・レクター著，白根美保子訳，筑摩書房刊）という本を興味深く読みました。この本は経済的成功を収めた日系アメリカ人が二人の父親（一人は真面目で教養の高い貧乏な実の父親で，もう一人が事業家で金持ちである友人の父親）の生き方などを通して「金持ちになる哲学」を語った本です。この本の中で金持ちになるための資産形成の中心になるのは「不動産」であることが，多くの実例をもとに繰り返し述べられています。その中にこんなくだりがあります。

「……少し前までは10万ドルしていた家が，いまでは７万5,000ドルで売られていた。私は地元の不動産会社に出向く代わりに，破産・倒産処理を専門にやっている弁護士事務所や，裁判所の玄関の前に足を運んだ。そういった場所では，７万５千ドルの家を２万ドル，ときにはそれより安い価格で買うことができた。……」

　また，成功者であるキヨサキ氏は自分への投資を怠りません。数多くのセミナーなどに出席し，蓄財のための知恵を蓄えていきます。

「……26歳のとき，私は「抵当流れの不動産を買う方法」という講座を受けた。週末に１度だけ開かれたこの講座で私は一つの方法を学んだ。次のステップは，自分で学んだことを実行に移すだけの行動力を持つことだ。たいていの人はここで立ち止まってしまう。私はその後３年間，ゼロックスに勤めるかたわら，抵当流れになった物件を買うための技術を学び続けた。そして，その結果マスターした方法を使うことで数百万ドルを手にした。」

　アメリカにおいては抵当流れ（foreclosure）が日本の競売にあたります。

　日本の競売も奥が深いのですが，アメリカのそれもなかなか習得には骨が折れるようです。いずれにしろ行動力が成功の決め手でしょうか……。

2 買受けの予算を立てる

　次にこの物件の近隣地域の売出し物件の状況を調べてみた。以下はその売出し事例である。

販売物件例　　1

　　交通　　　　東京メトロ千代田線「根津」駅徒歩1分

　　間取り・専有面積　ワンルーム　21.33㎡（壁芯）

　　築年　　　　1991年4月

　　総戸数　　　43戸

　　構造　　　　鉄骨鉄筋コンクリート造　10階建　7階部分

　　現況　　　　空室

　　管理費等　　月額　18,300円（修繕積立金含む）

　　販売価格　　1,630万円　（専有面積坪単価　約252万円）

販売物件例　　2

　　交通　　　　東京メトロ千代田線「千駄木」駅徒歩10分

　　間取り・専有面積　1K　16.66㎡（壁芯）

　　築年　　　　1998年4月

　　総戸数　　　81戸

　　構造　　　　鉄骨鉄筋コンクリート造　12階建　10階部分

　　現況　　　　賃貸中（月額76,000円）

　　管理費等　　月額　13,350円（修繕積立金含む）

　　販売価格　　1,280万円（専有面積坪単価　約254万円，表面利回り約7％）

　その他の販売事例と検討の結果，現状入札対象物件は販売価格は専有面積（壁芯面積ベース）坪単価で250万円程度，利回りで表面年6～7％が設定されるものと考えられ，1,300～1,400万円が計算される。

一方，近隣のここ最近の競落事例を見てみると次ページのとおりであった。

販売事例と競落事例をもとに次ページの入札予算書を作成した。

まずは付帯費用の計算である。

＊2 登録免許税

この物件の評価書では建物の評価は約170万円，土地の敷地権評価は約510万円で，計680万円となっていた。

これの2分の1である340万円（建物分100万円，土地分240万円）を推定の固定資産税評価額として，これに2％を乗じ算出。

＊3 不動産取得税

建物評価額に土地評価額の2分の1を加えた合計220万円に3％を乗じ算出。

＊4 滞納管理費額

管理会社に問合せ確認の上記載した。

＊5 予備費

少々予備費も計上した。

これら＊2〜＊5の購入諸費用の合計は454,000円である。

本物件の市場価格を1,350万円とし，これの2割引きである1,080万円を総取得費用合計にする場合，入札価格は1,035万円（1,080万円－約45万円）になる。これは登記簿の専有面積の坪単価約190万円である。

また，現状のまま賃貸を継続するとすれば，家賃（月75,000円）から管理費等（月額9,210円）額及び固定資産税・都市計画税（年額25,919円）を差し引いた年間の収入見込みは763,561円となり，この物件の総取得費用（1,080万円）に対しては年利約7％になり，好利回りといえよう。

さてこの入札価格で落札の可能性があるか，最近の競落事例から検証すると，同じ別掲の表競落事例①につき，築年がやや本物件より古いところはあるが，本物件との比較からも妥当と思われる。競落事例②は築年が新しいこともあってかなり高額の入札であるが，次順位対象者がいないとこ

＜最近の競落事例＞

事例	開札日	交通	築年・間取り（専有面積登記簿）総戸数	売却基準価額	落札価格（坪単価）次順位（金額）	入札本数	現況	管理費等
①	2022年4月3日	都営三田線「春日」徒歩1分	1989年8月1R　20.15㎡総戸数35戸	914万円	1,127万円（187万円）次順位あり（1,115万円）	3本	賃貸中7.5万円（月額賃料）	7,810円（月額）滞納管理費7万円未満
②	2022年4月3日	千代田線「湯島」徒歩4分	2016年1月1R　15.59㎡総戸数61戸	841万円	1400万円（297万円）次順位なし	5本	所有者占有	11,040円（月額）滞納管理費30万円強

入札予算書	
入札価格（＊1）	10,501,000円
登録免許税（＊2）	68,000円
不動産取得税（＊3）	220,000円
その他（予備費）（＊5）	100,000円
取得費用合計	10,889,000円

ろから，かなり突出した入札であり，あまり参考にはならない。

　逆に競落事例①は48万円差の次順位対象の入札があるので，この点からも参考になるものと考えられる。

　最終的に入札価格は若干切り上げ，10,501,000円に決定した。

　東京地裁民事執行センターに入札手続を済ませ，開札当日を迎えた。そして結果は入札が7本でW社の落札であった。ちなみに次順位があって，その入札価格は8万円強安い10,420,000円であった。まずまずの結果であったといえよう。

3 賃貸契約の継承

　さて，落札後売却許可決定（開札日から数日）を待って，売却許可の決定証明を申請すると賃借人田中氏への通知を行った。

　内容としては概略①当該マンションを新たにW社が購入したこと，②所有権移転は約1ヶ月半後に行われること，③賃貸借契約関係につき打合せをしたいので連絡が欲しいこと，④従前の賃貸借契約における敷金はW社に承継されないこと，⑤④なので貸主にその敷金は返還請求して欲しいこと，⑥貸主が当該敷金返還に応じないことがあるので，賃料の振込みを停止し，敷金と相殺できるようにして欲しいことなどである。

　また賃借人との連絡がなかなかつかないような場合，一つの方法として裁判所に事件記録の閲覧謄写を申請し，事件記録に綴じられている，賃借人等が裁判所に提出した賃貸借契約書などを見るとよい。そこには入居したときの不動産仲介会社の記載もあったりするので，そういった情報を糸口として賃借人への連絡等ができることもあるのである。また，場合によっては当該仲介会社に間に入ってもらうこともあり得よう。

　なお**事件記録の閲覧**は買受人本人が裁判所にて行うのが原則であり，費用は要しない（ただし，東京地裁（民事執行センター）は売却許可決定期日の午後1時以降でないと閲覧申請ができない）。

　そして通知してから数日後，田中氏から連絡が入った。

　現在の賃貸借契約の内容は，事前に事件記録から把握していた内容と一致していた。田中氏に当方としては，W社に所定の書類等をご提出いただければ，その書類を確認させていただいたうえで，W社として了解できる内容であれば引き続き賃借させていただいてもよい旨お伝えした。W社へ提出を依頼した書面とは入居者票（本人お勤め先や保証人の住所，氏名，勤め先などを記載されるもの）と従前の賃貸借契約書の写しであった。また，田中氏が引き続き当該マンションを賃借される場合は，あくまでW社と新たに賃貸借契約を結んでいただく必要があることを説明した。

なお，これら一連の話は，一般的に賃借人にとって，貸主が変更になることは利益がないばかりか，むしろ迷惑なことであるので，丁寧な対応が望まれる。

　さて，田中氏のほうは引き続き本マンションを賃借したいとの意向であった。ただ，そこで田中氏が一番心配に思っていたことが，預入れ敷金がどうなるのかということであった。これについては，先に説明のとおり，田中氏とはＷ社と新たな賃貸借契約になるので，先の通知文にも記載のとおり，現在貸主に預けてある敷金は，Ｗ社には引き継がれない旨を伝えた。そして，その理由として，田中氏の賃借権は，競売の原因となっている，抵当権より後れているので，Ｗ社が買い受けたことで，消滅することも説明した。さらに，その権利の消滅時期はＷ社が裁判所に競落代金を支払った日になるが，それは来月（８月）の中旬であると伝えた。

　田中氏としては，現在の貸主から，おそらくは敷金の返還は受けられないので，７月分の賃料を取りあえず支払わないことにするとのことであった。

　一方そのころ，裁判所から代金納付期限通知書が特別送達で送付されてきた。そこには代金納付期限が８月18日で，代金納付は８月15日午前11時30分と記載されていた。Ｗ社としては指定された日に代金納付を行うこととし，当日代金納付手続を完了した。

　さて一方田中氏に入居者票などを郵送し，書類の返送を待っていると，その後田中氏のプロフィールなどが書かれた入居者票と従前の賃貸借契約書の写しが郵送されてきた。

　内容を確認し，特段の問題がないようであったので，田中氏に連絡し，書類手配の御礼と，現在の賃料，そして更新料について，そのままの条件でＷ社と賃貸借契約を締結させていただきたいとお話しした。

　それについて，田中氏から，今度の新しいＷ社との契約に際しては，再び敷金を納めることを要するのかと，尋ねられた。また，契約の期間はどうなるのかも併せて質問された。

これに対し，次の①～⑤を伝えた。

①敷金は賃料の２ヶ月相当分は新たにＷ社に預けてもらいたいこと。

②現契約の預入れ敷金については，現在の貸主への７月分，８月分の賃料の支払いをせず，これをもって敷金と相殺するなどして現貸主と精算して欲しいこと（現在賃貸管理をしている不動産会社に連絡して協議して欲しいこと）。

③Ｗ社としては，本来８月の代金納付の日以降，つまり８月15日からは賃料を田中氏に請求できるが，８月末まではフリーレント（無償）とすること。

④Ｗ社との賃貸借契約はこれから速やかに行わせてもらうものの，敷金２ヶ月分と９月分賃料については，賃料発生日を９月１日として，この日までに支払ってもらえばよいこと。

⑤賃貸借期間は2023年８月15日から２年間とすること。

これを聞いた田中氏は，新契約に必要な敷金２ヶ月分は，今の貸主に支払うべき７月，８月分賃料で引き当てられる上，Ｗ社が８月の半月分の

明渡猶予者への対処

本文の「買受けの事例研究　その２」では，占有者が優良な賃借人で，かつ投資用物件として賃借人がいてくれた方が，都合が良い例を扱っていますが，実際は明渡猶予の占有者を退去させたい場合があります。

この場合は，退去を前提に占有者と協議するのはもちろんですが，買受人が代金を納付してから６ヶ月間は，その物件の使用損害金もしくは使用対価（あくまで占有権原はありませんから，賃料ではありません）を買受人に支払って占有を継続できます。このときの使用損害金の額は，通常のその物件の賃料相

当額となります。

この明渡猶予対象者は，この使用損害金を１ヶ月でも怠ると，明渡猶予は受けられなくなって，即買受人に明け渡さなければならないのが原則です。

ところで，明渡猶予対象者が使用損害金を支払ってこなかった場合は，内容証明書で支払催告をします。これをしておけば，６ヶ月の支払い猶予期間経過を待たずに引渡命令を申し立てることができます。

174ページにこの支払い催告書の例を掲載しておきます。ご参考まで。

賃料をまけてくれるので，実質損害がないことを確認した。

　さらに契約期間が，この11月に切れ，更新料が必要であると思っていたが，これがさらに1年9ヶ月ほど先になるのは，得であると感じ，W社との新契約を行うことにしたのであった。その後，W社は代金納付と同時期に，田中氏と新たな賃貸借契約の締結に至った。

　さて，賃借人との交渉と並行して管理組合から管理委託を受けている管理会社に所有権の移転の届けを行った。これからの管理費の支払いに関する手続きを行ったのに合わせ滞納管理費等について管理会社にその額の確認を行った。

　管理会社は滞納管理費と滞納修繕積立金に加え，その遅延損害金（年利14％）も請求する旨を主張したが，この遅延損害金については，滞納額を一括で支払うこともあり，免除してもらえるように要請した。管理会社としてはその旨管理組合の理事会に諮る段取りをとるとのことであったので，その旨了承すると，程なく月末一括の滞納管理費等全額を支払うことで遅延損害金を免除することで了解を取り付けたとの報告が管理会社からあった。数日後管理会社からの滞納管理費等の請求書を受領し，支払いを完了した。これにて取得手続一切を終えることになったのである。

＜建物使用対価の支払いのお願い＞

　株式会社ワイズ不動産投資顧問（以下「甲」という）は，　　年○○月○○日東京地方裁判所　　年（ケ）第……号事件の不動産競売手続により末尾物件の表示記載の建物（以下「本物件」という）につき所有権を取得した。

　貴殿，○○（以下「乙」という）は同日以前より本物件を使用している者であるが，民法395条により，本物件の明け渡しを6ヶ月間猶予されるものである。もっとも引き続き建物を使用するためには，乙は甲に対し本物件の使用対価を支払わなければならない。

　使用対価としては，乙が本物件の従前の所有者に対して支払っていた月額○○万円を相当と考えるので，　　年12月○○日から　　年1月○○日までの1ヶ月分金○○万円を甲に支払うべきであり，　　年○月○○日までに甲に支払うよう請求する。

年○月○○日

　　　　通知人　東京都千代田区神田駿河台1丁目5番6号
　　　　　　　　株式会社ワイズ不動産投資顧問
　　　　　　　　代表取締役　山田純男

　　　　被通知人　東京都……
　　　　　　　　　マンションT○○○号室
　　　　　　　　　I

　　　　＜物件の表示＞
　　　　所　　在　××××
　　　　構　　造　鉄骨鉄筋コンクリート陸屋根9階建
　　　　　…………

Chapter 2

入札の戦略を立てる

Part 1 競売不動産取得の実践

1 入札状況の概要

　競売不動産の入札を実際に行うのはどんな人たちだろう。

　競売不動産も公の機関が実施する不動産売却である。しかし，財務省の行う定価売払いの物件などと違い，占有関係をはじめとする権利関係の諸問題を抱えた物件が多い。いきおい気軽に素人が入札というわけにはいかないのは，周知の事実である。筆者が実際，開札状況を注視しているところによれば，入札者はおおむね次のように分類できよう。

①競売不動産をほぼ専門的に扱う再販目的の業者

②通常は建売りなどを行っているが，仕入れの一手法として競売不動産へ入札してくる業者

③債権者である金融機関や**サービサー**（債権回収会社のこと。196ページ Coffee Break「サービサーとは……」参照）など

④自らの居住目的あるいは投資目的として購入するため入札をする個人

⑤競売不動産の賃借人などで引続き利用することを目的に入札する個人や
　法人

　大雑把ではあるが，入札者のプロフィールはこういったところであろう。

　各々のタイプ別に補足すると，①のタイプについては，ワンルームマンションなどの金額が小さい物件を集中的に入札する業者から，1億円程度の一戸建などを中心に扱う業者まで，物件の規模によりその顔ぶれが異なっている。一般的に競売不動産を担保としては銀行融資が受けにくい。したがって，ある程度の資金力の裏付けがないと入札に参加しにくい。いきおい売却基準価額の高い物件を扱える専門業者の数は，限られてくるのである。

　また，こういった競売入札の専門業者は，個人名で入札する場合もある。さらに，資金力の不足を補うなどのため，別にスポンサーを探し，そのスポンサー名で入札してくることも見かける。

　続いて②のタイプ，つまり，通常は建売り事業などを主体に行っているが，仕入れの一環として競売不動産に入札する業者についてであるが，このタイプの業者は，目的が建売り事業であるため，入札する物件も，建売り事業に適する物件が中心となる。例えば，公道に面し，複数宅地に分割できるような土地や，建物が古く，取り壊し，新築した方が商品化しやすいような物件が狙い目となってくる。①のタイプの再販業者が，築浅で軽微な補修によって商品化できる物件を好むのとは対照的である。

　続いて，③の，いわゆる債権者の**自己競落**のタイプであるが，この場合，特にその債権者である金融機関やサービサーによって対応が明確に違ってくる。

　自らの居住目的あるいは投資物件として購入するため入札する個人の④のタイプで目立つのは，投資目的でのワンルームマンションへの入札である。

　また，⑤のタイプである競売不動産の賃借人などの入札は，まれではあるが，行われることがある。

それでは実際の入札の状況はどうなのだろうか。

ここでは，東京地裁（本庁）の競売市場を見ることにする。

次ページの図表1を見ると，高水準の競落率が続いているのがわかる。近時は100％近い水準になってきている。

一方で競売の対象物件であるが，リーマンショックによるミニバブル崩壊によって，2009年に3,000件近くまで増加したものの，その後急速にその数を減らし，ここ数年対象物件の減少が続いている。2023年では600件を下回っている。

競売対象物件が減少すれば，入札者からすれば，思惑にかなった価格で落札できる可能性が低くなる。

リーマンショックで，一旦競落しやすい状況になったものの，その後入札の勢いは回復していった。そして2011年3月11日の東日本大震災が起こり，東京の競売不動産も，リスク回避の観点から入札が少なくなることも予想された。しかし，実際のところ，むしろ落札率がむしろ高くなり，震災は東京の競売不動産の売行きを悪化させることはなかった。

加えて2020年は，コロナ禍でも競落水準の低下は見られず，対象物件の減少も続いている。

さて，東京地裁の競売不動産の種類別の傾向をみてみると，マンションが約73％，と過半を占めており，これが東京の特徴といえよう（次ページ図表2参照）。そして競落水準を示す指標が，落札物件についての売却基準価額に対する競落価格の上乗せ率である。

この年は物件全体平均で約66％だった（次ページ図表3参照）。従来から裁判所は売却基準価額を設定するに当たり，正常な市場鑑定価格から競売物件という特殊性による減価を行っている。これを「競売減価」などと呼んでいるが，この減価の割合は市場の約3割が通例である。実際の上乗せ率はこれを大きく超えているところから東京地裁に関しては全体的に競売物件の割安感は小さいといえそうである。特に東京地裁競売不動産で人気が高いのが，築浅の中古ファミリーマンションである。物件によっては

入札30本を超えるものも珍しくない状況だ。

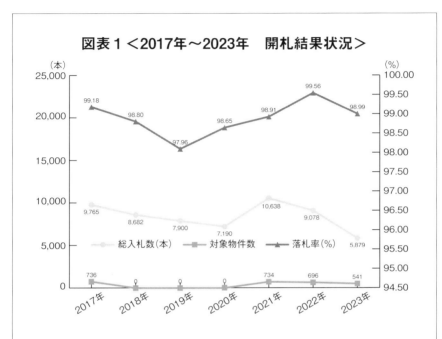

図表1 ＜2017年～2023年　開札結果状況＞

(本) — 総入札数(本)／対象物件数／落札率(%)

年	総入札数(本)	対象物件数	落札率(%)
2017年	9,765	736	99.18
2018年	8,682	—	98.80
2019年	7,900	—	97.96
2020年	7,190	—	98.65
2021年	10,638	734	98.91
2022年	9,078	696	99.56
2023年	5,879	541	98.99

図表2 ＜2023年 競売物件種別割合＞

東京地裁本庁

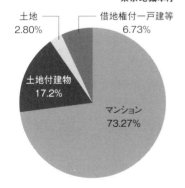

土地 2.80%
借地権付一戸建等 6.73%
土地付建物 17.2%
マンション 73.27%

図表3 ＜2023年落札価格の 売却価格に対する上乗せ率＞

東京地裁本庁

種別	上乗せ率
マンション	48.9%
土地付建物	84.05%
土地	96.58%
借地権付一戸建等	79.85%
全体平均	66.39%

2 入札戦略について

　競売不動産の現状をこれまで述べてきた。それでは，実際に入札にあたって，どのように物件を選択し，また，入札価額を決定したらよいのだろうか。以下に，より買受けしやすくするためのヒントを挙げていきたい。

①空家または引渡命令がとれる物件は人気が高い。周知のとおり，明渡しがスムーズに行われるか否かが最大のポイントであることからして当然である。したがって，その中でも特に売却基準価額の設定が低い物件の場合，かなり多くの金額を売却基準価額に上乗せして入札しなければ落札できない。

②開札物件数が多いときは，比較的落札しやすい。対象が多ければ人気も分散するわけである。

③東京地裁の場合，城西，城南地域物件のほうが，城東，城北物件に比べ人気が高い。一般的な傾向が競売不動産にも当てはまる。高倍率物件の多いのは，城西，城南地域ではあるが，近時城東地域の物件にも大量入札の例も多い。

④借地権の物件は，比較的入札が集まりにくい。やはり地主との名義書換交渉が生じることや，金融機関の担保評価の低さなどから所有権に比べると人気がない。ただし，アパートやビルなどの収益物件については借地権でもかえって利回りが高いということもあって，結構入札がある。

⑤ワンルームマンションやアパートなどを除き，引き継ぐべき賃借権のある住宅は入札が比較的少ない。当初から賃貸目的で購入されるアパート，ワンルームマンション以外の住宅は，自ら使用するか，居住用として転売することを前提に入札する人がほとんどである。したがって賃借人付き，いわゆるオーナーチェンジは敬遠されがちだ。したがって，こういった物件も強気の入札価額を設定する必要はない。

⑥入札価額にはある程度の端数を付けたほうがよい。競争入札であるからには，１円でも高い人が勝ちだ。何百万円単位で入札せず，千円単位ぐ

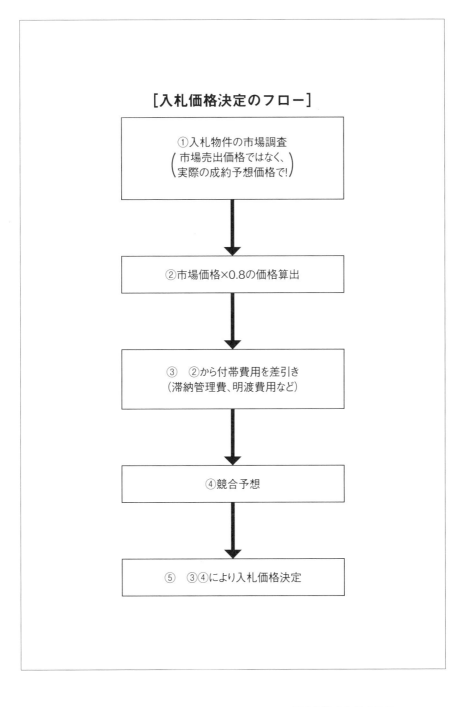

[入札価格決定のフロー]

①入札物件の市場調査
（市場売出価格ではなく、
実際の成約予想価格で!）

②市場価格×0.8の価格算出

③　②から付帯費用を差引き
（滞納管理費、明渡費用など）

④競合予想

⑤　③④により入札価格決定

らいまでの端数を付け，入札に臨んだほうがよい。

⑦過去の競落事例をよく観察することが入札価額決定には重要である。ただその際，その競落事例が債権者の自己競落であったりして，相当高めになっていないか競落者名をよく確認したい。

　債権者である金融機関やサービサーは市場価格を目安とせず，自己の債

インターネット公売

　このところインターネットを利用した公的機関の不動産売却が多くなってきました。今のところ不動産競売では，インターネットは三点セットの内容確認や，売却スケジュールそして落札結果などに利用されていますが，入札など売却手続においては，インターネットは利用されていません。

　しかし，不動産競売以外で，滞納税回収のための不動産公売（46ページ Column 参照）や官公庁が所有する不動産の売り払いではインターネットを利用する場合があります。ただインターネットで売却される不動産は，占有者がいないものが中心になっています。また**インターネット公売**ではやり方がいろいろです。ヤフーオークションのサイトを利用した官公庁不動産売却もあります。ただし動産のオークションと違って，まずはオークションへの参加仮申込をネット上で行います。そして入札者の住民票などの書類を送付して，そこで本申込になり，入札保証金を所定の口座へ振り込みます。その後入札価格をネット上に入力することになります。一度入力したら変更はできません。最高価格で落札できたところで，売買契約書を締結する段取りにな

ります。結局インターネット公売と言っても書類は現物主義ですから，アナログ方式混合です。不動産売買はやはり，全てインターネット対応というのは難しいのでしょう。ただ競売ではない官公庁がらみの不動産情報を入手するにはインターネットは効果ありでしょう。

　ところで先日筆者の会社では関東信越国税局実施の公売に参加し，1物件運良く競落できました。それは，ホテルの1室です。そのホテルは JR 山手線の某駅徒歩4分に立地するホテルで，客室は約200室ですが，昭和63年当時区分所有形式で分譲したものです。

　分譲された1990年前はバブル経済只中で，こういったホテル分譲が結構行われていたことを記憶しています。そしてバブル崩壊後こういったホテル分譲は，なりを潜めました。今では価格も数分の1になりましたが，ホテルの運営はしっかり行われているので，一定の配当は期待できます。この売却情報はインターネットで知ったのですが，まさにバブル経済の残像的物件です。

　官公庁物件のインターネット売却情報，たまにはチェックしてはいかがでしょう。

権額相当の高値で入札することがあり，競落データとしては参考にならないことがあるので注意を要するのである。

　以上，入札の戦術面について述べてきたが，実際入札するにあたってよく聞かれる質問に，売却基準価額に何％程度上乗せしたら落札できるのか，というのがある。

　先にも本書で述べたとおり，売却基準価額の水準は，一般市場価格に比して一律何％といったふうにはなっていない。いわゆるバラツキがあるのである。もちろん（買受可能価額以上で）売却基準価額を下回った価額で十分落札できる物件や，買受可能価額でも決して安くない物件もある。

　筆者の経験では，まず，その競売不動産がどの位の市場価格で流通しているかを調査し，その価格の20％前後を差し引いた額が落札価額の目途になるように思う。ただし，マンションの滞納管理費など付帯購入費用がかさむものは，その分入札価額を低くしておいてもよいだろう。明渡し関連費用を高めに設定せざるを得ないものなども，入札価額から，同様にその分を差し引くことも考えられる。

　さらに大事なことは，入札前何ヶ月間かの開札データを検証することである。類似物件にどのくらい入札が集まり，どのくらいの価額で落札したか，これを押さえることは，有利な入札には欠かせない。

　競売市場は，ミニ不動産市場である。マンションに人気が集まったり，戸建てに人気が集まったり，その時々の不動産市場を背景にして入札の状況が変化するのである。入札を検討するのであれば，直近の開札データはチェックしておきたい。

3 競売不動産情報の入手について

まず，期間入札の競売不動産の情報は以下のとおり公開されていく。

①配当要求終期の公告（民事執行法49条2項）

　最初に一般の人が期間入札の競売不動産を目にするのは，この公告である。これによって，競売の決定がなされたことが初めて公になる。そして，これに併せ，競売を申し立てた者以外で当該不動産に抵当権などを有する者に，債権の額などを届け出ることができる期限を告げるのである（なお公告は，各裁判所の掲示板に掲示かもしくはファイル備え付などによって行われるのが通常である）。

　一般人がこの情報を得ようとするには，いわゆる広告はなされないので，裁判所に通って見るしかない（この情報をまとめて雑誌とし，販売している民間会社もあるが）。

　ただし，この公告を見ても，実際の入札には以下の点で活用は難しい。

i　その不動産が売却実施となるには数ヶ月後であるし，またその期間も定まってはいないので，物件調査など入札準備を始められない。

ii　物件明細書など三点セットはなく，当然売却基準価額も定まってないので物件の良し悪しはわからない。

iii　当該物件が，競売での売却実施が本当になされるかはわからない。したがってこの情報は，むしろ任意売却で不動産を取得するための情報ツールと考えたほうがよいだろう（187ページ「4　任意売却物件について」参照）。

②期間入札の公告

　前①の後，現況調査報告書，評価書そして物件明細書の作成が完了すると，いよいよ裁判所書記官は売却実施処分を行う。併せて差押債権者や債務者などにも通知がなされる。東京地裁では，この売却実施処分の後約5週間後に「期間入札の公告」が実施されることになる。

　そして，この公告とともに事件記録が閲覧され，それと同時期に，BIT

システムなどにも公開される。

③事件記録の閲覧開始

　入札希望者に対しての情報開示，つまりは「物件明細書」を始めとする三点セットの公開によって，入札希望者は対象不動産の詳細情報を得られる。しかし，この三点セットは裁判所に設けられた物件閲覧所において1物件につき1セットのみ公開される。それゆえ，かつて人気物件などはファイルの争奪戦の光景が物件閲覧所で見られたが，現在はあまりそういった様子はないようだ。というのもインターネットによる，情報入手が手軽で簡単にできるようになったからである。

　2002年から順次裁判所ごとに実施されている，インターネットによる物件概要や三点セットの公開（9ページ Column「BIT システム」参照）は，今や全国のおおよその地方裁判所を網羅している。ただし，プライバシー保護の観点から個人名等がマスキング処理されていることから，入札物件の絞込みを終え，実際に入札に及ぶ際には，オリジナルを確認すべきではある。

④特別売却物件情報

　期間入札で応札がなかった物件は，特別売却に付される（Chapter 1 Part 2「7　特別売却物件を買う」参照）。**特別売却物件**については，その売却についての期間，方法について実施命令が行われることになっている。しかし，東京地裁においては期間入札において応札のなかった物件は，開札日の翌日から5日間（閉庁日を除く）の特別売却期間に入ることを，期間入札の実施処分とともに併せて行っている。したがって自動的に先着順販売になるので，期間入札の開札結果が，特別売却物件情報そのものである。

　以上競売不動産の情報の流れを記載したが，一つこれに加え記しておきたいのが，「上申特売」である。これは特別売却物件となったものが，その特別売却期間中に売却されず，新たな売却基準価額を設定するため再評価手続に回されるが，東京地裁などではこの間がおよそ2～3ヶ月ある。

この再評価手続き完了までは，従来の売却基準価額であれば，差押債権者が裁判所に一定の上申書を提出することによって，売却を実施してくれることがある。

　権利関係が複雑な物件などは，期間入札および特別売却期間ではその調査に時間が足りないため応札できなかった入札希望者が，この方法を利用することがある。この方法を上手く利用するにはやはり，特別売却物件のうち期間内に売却されなかった物件の情報を捉えておくことが大切であろう。

4 任意売却物件について

　このところ競売物件も競争が激しく，なかなか有利な落札ができないとの声がよく聞かれる。

　競売が開かれた市場になったことは，我が国にとっては歓迎されるべきことではある。しかし，これをビジネスとする者にとっては，決して具合がよいこととはいえないのである。

　そこで，一般の入札者がなかなか手を出しにくい特殊物件に挑戦するなどの，工夫を凝らしていくことが必要になってきている（Chapter 1 Part 5「1　特殊物件を購入する」参照）。

　さらに競売手続のいわば川上での情報収集を図り，競売になる以前の物件を「任意売却」によって取得しようとする動きも重要になってくる。「任意売却」とは「ニンバイ」などと称され，主に債務超過で不良債権の対象になっている不動産を，競売による売却実施以前に所有者と債権者とが協調して売却することである（182ページColumn「インターネット公売」参照）。この場合，所有者と債権者が協議する内容は，何といっても，債権者が設定している抵当権などの担保の抹消金額が中心となる。当然のことながら，債権者の有する債権額，それはおおむね対象不動産の担保設定額と同じであろうが，不動産の下落等によりいわゆる担保割れの状況の場合がある。この場合売却しても，債権者は自身の有する債権の何分の1程度しか回収できないこともある。しかし，いずれ競売になってもこの事態は同じである。むしろ，さらに回収額が減ってしまうことさえ，十分に考えられるのである。

　もし，今競売による売却よりも多く債権が回収できるものと見込まれ，その上，早く回収できるのならと，債権者はニンバイを実施したいと考えるのである。しかし，ニンバイはそうそう簡単には運ばない。

　というのも，所有者はニンバイによって売却されると，その物件を使用することが即できなくなってしまうし，賃貸している物件ならば，家賃の

収受が早々と不可能になってしまう。しかも，物件売却代金はすべて債権者にわたってしまい，その売却によって返済された分を除く残債についても，債務者には当然支払義務は残る。したがって一般的に考えれば，担保不動産の所有者には，ニンバイで早期に売却する経済的メリットはほとんどない。どうせ取られるものであれば，競売になるまでねばっていようと考えるのも無理からぬこともあり，ニンバイへの協力は担保不動産所有者から得にくいのである。

しかし，まとまりにくいニンバイも，債権者，所有者にそれぞれねばり強く交渉し，売却を成立させるプロもいるのである。

問題はこういった物件情報を一般人がどう入手するかである。

これについてはやはり，金融機関やサービサーなどとのパイプが太く，日頃そういったところとの情報交換を実施している不動産業者などと接していくことが，一番の近道であろう。

Part 2 競売不動産の税務

競売不動産に係わる税金といっても，通常の不動産に係わる税金と基本的には変わりはない。以下，税金ごとにその概略を説明する。

(1) 登録免許税（国税）

入札時には税金は発生しない。一般の物件であれば，買受時には契約書を作成し，印紙を貼付するが，競売不動産にはこれはない。問題は，代金納付時である。**登録免許税**の支払いがこのとき必要となる。登録免許税は，以下の計算方法にて算出される。

土地建物とも…評価額[注1] ＝課税価格

非課税の土地[注2] …地積×隣接または近傍の土地の㎡単価×0.3

＝課税価格

課税価格合計額×0.02[注3] ＝所有権移転登記の登録免許税

（注1）評価額とは固定資産税評価額である。（以下同じ）

（注2）非課税の土地とは，公衆用道路などである。

（注3）土地の売買等に係る所有権移転登記は税率が0.015になる特例があるが，競売の場合は所有権移転登記の原因が売買ではないので本則どおりとなる。

競売不動産に係わる主な税金	
取得に係わる税金	登録免許税（国税） 不動産取得税（地方税）
保有に係わる税金	固定資産税（地方税） 都市計画税（地方税）
転売した場合の税金	所得税・復興特別所得税（国税）、 住民税（地方税）……個人 法人税・地方法人税（国税）、住民税・事業税・ 特別法人事業税（国税）……法人 消費税・地方消費税（国税・地方税） ……消費税課税事業者

個人が一定の住宅を取得した際に 受けることができる税金の特例
所得税の住民ローン控除
不動産取得税の軽減

これに加えて，従前の抵当権などの登記の抹消の登録免許税が必要となる。この免許税は，次の計算方法による。

不動産の個数×1,000円

以上のようにして計算された金額を代金納付時に併せて納入する。

さて，ここで問題となるのは，個人が一定の要件を満たした（面積要件〈床面積50㎡以上〉および，一定の耐震構造設計により建築された）住宅を自己居住用の目的で購入するときに受けられる軽減措置が適用されるのかということである。この軽減措置が受けられれば，建物についての所有権移転登記の登録免許税率の軽減（2％から0.3％へ）がなされるのだが，実際には，この軽減を受けるため取得しなければならない市区町村の証明書（「住宅用家屋証明書」）の入手が，購入物件へすでに転居しているかまたは一定期間内の転居が条件となっていることが多く，難しいことがある。この点，競売取得のため入居時期が不明瞭であることを記載した「申立書」を提出し，これを認めて発行してくれればよいのだが，これは役所の対応による。したがって，自己居住用で入手した競売不動産でも，適用されない場合があると考えたほうがよいだろう（適用される場合は代金納付時に先の「住宅用家屋証明書」を裁判所に提出する）。

さて，登録免許税の納付の方法は，代金納付時に現金を持参し，裁判所内の郵便局で納付するか，あらかじめ税務署へ納付し，納付書の控を代金納付時に持参することによる。

(2)　不動産取得税（都道府県税）

不動産取得税は，原則，以下の計算の方法により計算される。

土地（宅地等）…評価額（登録免許税と同じ）×1/2＝課税価格

（2026年3月31日までの取得の場合は1/2に評価減される）

建物…評価額（登録免許税と同じ）＝課税価格

で，課税価格×0.03または0.04＝不動産取得税額

不動産取得税の税率は，土地および住宅用家屋が3％で，住宅以外の家屋が4％である。

なお買受人が個人で，自己の居住用にする目的により買い受けた場合
は，一定の要件に合致した住宅であれば，税額が軽減される。その一定要
件とは，次のようになっている。

①新耐震基準に適合している住宅，または入居前に新耐震基準に適合する
　ための改修を実施する住宅
②１戸の床面積が50㎡～240㎡の住宅

　上記の要件を満たす住宅は，課税価格から，新築された日に応じて100
万円から1,200万円の間の金額が控除される（築年が新しいほど控除額が
大きい）。

　さらに，上記の要件を満たす住宅とともに取得した住宅用土地は，次の
金額が税額から控除される。

　ⓐ45,000円
　ⓑ（１㎡あたりの土地評価額〈2026年３月31日までに取得の場合は1/2
　　の評価額〉）×（住宅の延床面積の２倍…200㎡が限度）×0.03
　ⓐ，ⓑいずれか多い金額

　したがって，マンションなど，床面積に比して土地持分の面積が小さい
場合など，この軽減措置に適合すると，土地分の税額は０になることが多
い。

　なお，この不動産取得税は，取得後，相当期間経過してから納税通知書
が送付されてくる。また，先に延べた軽減措置については，都道府県税事
務所に申告をしなければならないことになっているので，注意したい。

(3)　固定資産税・都市計画税

　これらの税も，特段通常物件と変わるところはないが，注意したいのは，
これらの税の納税義務者は，その年の１月１日の所有権登記名義人だとい
うことである。したがって，不動産を購入した場合，買い受けた年の**固定
資産税・都市計画税**は，前所有者との間で精算することになる。しかし，

実際のところ，競売不動産の場合，前所有者と精算できることの方が少なく，買い受けた年の翌年，所有権の登記名義人が買受人となった年から買受人の負担となることが多い（納税通知書が直接送付されてきてから）。

また前所有者には固定資産税等の買受人に対する返還請求権（不当利得返還請求権）がない旨の判例もある。

ただ，前所有者が破産していたような場合には，取得した当年度の固定資産税等を，破産管財人との話し合いにより精算することになる場合がある。

固定資産税の税額は，その年の課税標準額に税率を乗じて算出される。課税標準額は，固定資産税評価額を負担調整した額で，税率は通常1.4％である（標準税率）。

また，都市計画税は，同じ課税標準額に対し，税率0.3％となっている。

なお，競売不動産であっても，住宅用地における軽減措置は固定資産税や都市計画税についても適用される（固定資産税は6分の1，都市計画税については3分の1。ただし，面積制限などあり）。

⑷ 転売したときにかかる税

競売不動産を転売目的で購入した場合，問題となるのが，**譲渡税**である。譲渡税はその不動産の保有期間および売却するのが個人か法人かによって異なってくる。

まずは個人の場合であるが，長期譲渡と短期譲渡は，その保有期間が現行では5年を超えているか否かで決まってくる。5年以内の場合，売却した不動産の売却収入から取得原価（取得費）や譲渡経費を差し引いたいわゆる譲渡所得に対し，39.63％（所得税・復興特別所得税＋住民税）が他の所得と分離して課税となる。また，保有期間が5年を超えると長期譲渡所得となり，税率は20.315％と，短期に比して安くなっている。ここで問題なのは，競売不動産の取得の日であるが，税務上は売却許可決定の日か代金納付の日を採用すればよいと思う。

次に，法人の場合だが，法人が転売し，生じた利益は，他の所得と通算

区分所有マンションのコンバージョンって……

　筆者の会社に会員登録された方が，マンション10部屋あまりを特別売却で購入されました。特別売却物件は期間入札で売れ残った物件です。どうしてこの物件が期間入札で売れ残ったかというと，その大きな理由がすべての部屋が事務所であったことでした。

　購入された方は，購入後これらの部屋を住居に変更され商品化をされました。これにより格段に商品力の高い物件に変身したわけです。こういった住居への転換（コンバージョン）は一時大変話題になりましたが，１棟全体で行うものばかりです。この例のように区分所有１室単位で行う場合，どういったことを注意すべきか考えてみます。

　部屋ごとの用途変更は，１棟全体で行う場合と異なり建築確認申請は概ね不要のようですが，かといって建築基準法に抵触する変更を行なえば，将来行政が行うマンションに対する定期検査で指摘され，是正を求められかねません。そこで，入札にあたっては，建築士などの専門家の事前チェックは欠かせません。それともう一つ重要なのは，管理組合との協議・総会採決を経て管理規約上住居に該当住戸を変更することです。最後に，登記簿における建物種類変更登記が必要となります（手続としては表示変更登記となりますので，土地家屋調査士への依頼となります）。

　先に紹介した事例はこれら必要事項をクリアしました。管理組合との折衝も，むしろ正常に管理費や修繕積立金が入ってくるなら大歓迎とばかり好意的のようでした。マンション１部屋単位のコンバージョンでビジネスが広がる可能性が感じられました。

され，法人税・地方法人税，法人住民税および法人事業税等が課税される。

　なお，消費税の課税業者であれば，転売時には建物売却対価に対して消費税を買手から預ることになる。

(5)　住宅ローン控除の特例

　住宅取得等特別控除，いわゆる住宅ローン控除は，競売不動産であっても受けることができる。この制度は，個人が住宅ローンなどを利用して購入した場合に，その借入金の年末残高に応じて一定額を最長10年間にわたって所得税から控除し，控除しきれない場合は，住民税から控除するというものである。ただし，合計所得金額が2,000万円以下で，かつ取得する住宅が次の①〜④要件などに適合しなければならない。

①専用住宅であること。店舗併用住宅の場合は，専用住宅部分が2分の1以上であること。

②家屋の床面積が50㎡以上であること（マンションの場合などは，内法の専有部分の登記面積）。なお，合計所得金額が1,000万円以下の場合は，面積要件が40㎡以上に緩和される。

③建築後20年以内（耐火建築物である場合は25年以内）の住宅および一定の耐震基準に適合した住宅であること。

④取得の日から6ヶ月以内に居住の用に供し，適用を受ける各年の12月31日まで引き続き居住していること。

　税額控除できる金額は，次のとおりである。

借入金年末残高（2,000万円限度）×0.7％を最長10年間控除

＊認定住宅等（省エネルギー性や耐震性などに優れる住宅として認定されたもの）については，控除限度額がアップされる。

サービサーとは……

「**サービサー**」とは，委託を受けまたは譲り受けて，債権の管理回収を行う民間の専門業者のことです。我が国では，従来弁護士法により弁護士以外の者が債権管理回収を業とすることは禁じられていたため，このような民間会社は存在しえませんでした。しかし1999年2月「債権管理回収業に関する特別措置法（いわゆるサービサー法）」施行により，設立することができるようになり，既に100社に及ぶ会社が業務を行っています。

さて，我が国最大規模のサービサーといえば株式会社整理回収機構です。旧住専会社の破綻処理を行っていた「住宅金融債権管理機構」と，その他破綻した銀行や信金・信組の受け皿銀行であった「整理回収銀行」が合併してできた会社です。

住宅金融債権管理機構が設立された当初は，旧住専7社を母体とする各事業部が債権の回収を行い，自己競落などにより保有する不動産の管理を担当する不動産部，大口債務者や暴力団等が関与する悪質な案件を担当する特別回収部などが設置されました。筆者もかつて住宅金融債権管理機構の案件を担当したことがあります。当時は同社の初代社長中坊公平弁護士の指揮のもと，悪質な債務者に対する法的手続による徹底した債権回収が，よくマスコミなどで取り上げられました。

その後，整理回収機構は，破綻した金融機関から債権を譲り受けるだけでなく，正常な金融機関から債権を買い取って回収する業務も行うようになり，また，その回収の手法についても，従来の回収一本の姿勢から，企業再生を手がける再生部が設置されるなど，時代とともに変化してきています。

Part 3 東京地裁開札トピックスから

　筆者が日頃思うことの一つに，競売不動産の入札状況は一般不動産市場を実によく反映しているということがある。いわば一般市場のミニチュア版が競売不動産市場だということだ。その時々の人気不動産，不人気不動産の傾向が分かる。

　一方で競売不動産にはこれまで述べてきたとおり，通常不動産と違い，権利関係を中心としたさまざまな問題を抱えるものも多い。したがって，入札者は入札物件の選定と入札価格の決定において，その対象不動産の市場性と競売特有の問題点の双方を的確に見抜かなければならない。しかし，この「見抜く力」はやはり多くの経験により培われるところが大きい。そこで，次ページ以降筆者が，これまでに週刊住宅新聞に執筆した記事を抜粋し，掲載してみた。より実践的な例，あるいは注意点として入札の際の参考に一読いただければと思う。

2018年２月５日号

競売物件
東京地裁　開札トピックス
－23－

戸越公園で３階建て２世帯は国が地主

借地権物件が最高上乗せ率

6036万円にて不動産会社に競落されていった。売却基準価額の3倍近い競落価格であった。

今年最初の東京地裁本庁の1月23日の開札は、昨年の勢いをそのままに100％落札であった。しかし、売却基準価格への競落価格の上乗せ率はやや低下している感がある。

売却基準価額の2倍を超えるような落札が見られないが、その中で借地権付建物が最高の上乗せ率で競落されたのに目を引かせた。

その物件は東京大井町線・戸越公園（駅徒歩4分）に建つ医院（内科）、医院、歯科医院と住宅が複合する3階建てである。2世帯用で、医院、兼用住宅の区分建物2つから成る。木造の塀に接している。全体で32年ほど前に建築している。土地床面積は約103坪あり、土地は借地で坪当は約40坪幅員4・2mの公道に面している。

この物件の売却基準価額は2084万円であったが、これに

れほどまでの上乗せ率になったのは、地主が国であることが入さいだろう。

現在の競売成約の条件は平成57年7月までの期間で年額地代が35．5万円強である。低額地代であるほど良いが、とわいえ地代を納めるには価格がおおよそ低額競落されることが底抵当権による貸人のメリットである。

本件の場合正面路線価（1平方メートルあたり42万円）と借地割合（60％）から競落者価格から2300万円と予想される。これを売却基準価額の2倍価格に設定すると、競落価格（6036万円）と併せ所有権で約8400万円となる。これは土地1坪あたり210万円強で、これは土地坪あれ値として不思議はない。国が地主の競売物件は人気が高い。

《ワイズ不動産投資顧問
・山田純男》

2018年３月５日号

競売物件
東京地裁　開札トピックス
－27－

成増駅２分、売却基準価額2.1倍強の9009万円

借地権共同住宅に大量入札

【２月23日開札】	
・対象	37物件
・入札	37物件
・落札率	100.00％
・総入札	417本

収益物件の人気は相変わらず根強い状況にあるが、2月23日開札では借地権付の建物だけ競落された。借地権付建物に大量24本の入札が集まった。

その物件は東京メトロ有楽町線「地下鉄成増」駅徒歩約2分に立地する。借地権対象の敷地は北側で幅員4mの公道に面する約59坪。建物は築19年の鉄骨造でIKなど14部屋から成り、年間収受賃料は100万円程度回収できる。地代月額5・8万円（年間約70万円）や固定資産税等（年約24万円）を考慮しても年1000万円近い収入が

見込める。

そんな条件で売却基準価額は4203万円であったが、これに対し落札価格は9009万円と売却基準価額の2・1倍強の高水準で競落された。借地権付建物だけに地主に対しての名義変更料は必要であり、その額は評価書上では600万円弱と見積もられている。ただ、そのコストを含んでも実質年利回りは15％程度得られるので、この入札価格は設定されたのだろう。ただし名義変更について地主との交渉が上手く運ばれば場合は、裁判所の譲受許可を得ることになるが、裁判所の許示価格を介入権という。

この場合、地主の裁判所の提示価格を下回る買い戻し価格を裁判所が呈示するリスクは少しありそうだ。また、地主は建物の共有者の一人であることも多いが人権は借地権買い建物の競落における特殊なリスクである。介入権は借地権付建物競落における介行使の可能性を感じさせる。競落価格が高いことから、その

《ワイズ不動産投資顧問
・山田純男》

2020年6月11日号

競売物件

東京地裁　開札トピックス

―40―

旧法借地権底地に13本入札が集まる

東京メトロ半蔵門線「押上」駅9分

旧法借地権が設定されている土地は競売においてはあまり見かけない。というのも金融機関は底地を融資の担保としないことから、結果として競売の申し立てがないのである。しかし5月24日にはその底地が対象になった。

その土地は東京メトロ半蔵門線「押上」駅徒歩約9分に存する。南東側で幅員4㍍の公道に面する約19・5坪で、地代は月額2万3100円で2020年（平成32）3月5日まで賃貸借契約期間がある。

固定資産税・都市計画税の年税は約3万6600円であるので実質年収は24・1万円である。これに対し売却基準価額は43万円で年約5・5%の利回り水準である。

一方でこの底地の相続税評価額は正面路線価（1平方㍍当たり22・5万円、借地権割合60%）から推して580万円程度であ

る。そんな条件で結果は入札13本あり最高価1090万円にて競落された。おそらくは不動産業者であろう。

この価格では地代での収益利回りは年2%強しか望めないので、競落会社はまとまるかどうかは不確定ながら借地権者と交渉して借地権買い取りか、競落した底地との共同売却を考えるであろう。

そもそもこの底地は共有持分2分の1を公売にて競落した不動産会社が共有物分割訴訟を経て競売を申し立て、今般全体土地の換価競売になったものである。

今回もおそらくは申立人も入札参加したものと思われる。より高い入札価格で競落され、申立人はその配当で十分採算がとれるのではないだろうか。従来は不動産業者が敬遠しがちであった底地にも多くの入札が集まる状況になっている。

《ワイズ不動産投資顧問
・山田純男》

2020年6月15日号

競売物件

東京地裁　開札トピックス

―135―

04年の改正民事執行法は機能せず

内覧制度は有名無実に

2004年4月1日施行の改正民事執行法の中で買い受け人にとり興味深いのは競売不動産の内覧制度であった。周知のとおり競売不動産は内部をあらかじめ確認できないのが通常である。改正法では売却価格および売却基準価額を決める場合、裁判所は執行官により入札締切りの前に競売不動産の内覧をさせなければならなくなった。ここで注意をすべきは申し立ての権利をすべての買い受け人にではなく債権者であるということだ。

一番意欲するのは買い受け人であると思われるが、改正法はそのもうし立ての権利を債権者にのみ与えた。これは先の理由やプライバシー問題などにより売却価格が上がり、（場合によっては）配当金額への影響という形で利害が大きいのは債権者であるという理屈である。もっとも、内覧実施にあたっては円滑になされ実施できるのかどうかについて買い受け希望者よりは債権者の方が少なくとも情報を持っているであろうという観点もあろ

う。

ところで、この内覧実施はどの程度実際に行われるようになるのであろうか。まず、債権者に対抗できる、つまりは抵当権設定前の賃借人などは当該占有者の同意が必要である以上あまり実施は期待できない。それ以外の占有物件の多くは内覧される。

しかし、賃借人など以外の占有者が事前内覧実施にあたって内覧実施を拒否に出たりできるのだろうか。改正法では事前内覧については罰則を用意した。しかし、例えば暴力団風の人間を占有者だと称しそこに居合わせたりするような占有者がいた場合却ってその占有物件の内覧実施について躊躇することになる。

こういったことは明らかな執行妨害とも言えその場で執行官が排除するのは困難であるが、円滑なる内覧が行われるには先の理由やプライバシー問題などは実質的に不可欠と思われ、その協力が行われただけでは改正当初行われていた有名無実の制度となったのである。

結局、わずかに改正当初行われたものの、ほとんど行われなくなり、実施されることに改正当初から疑問があった。

《ワイズ不動産投資顧問
・山田純男》

2020年11月2日号

競売物件

東京地裁 開札トピックス

－147－

築古中古マンション大量入札に驚き

東急目黒線「西小山」駅徒歩5分

【10月21日開札】
- 対象　　58物件
- 入札　　58物件
- 落札率　100.00%
- 総入札　789本

首都圏の2020年上期（4～9月）の新築マンションの発売戸数は8851戸と不動産経済研究所の調査開始以来初の1万戸割れとのことである。コロナ禍の影響もあるが、新築の供給が減ったことが中古マンションへの需要が高まっている背景にある。立地が良い物件は旧耐震構造の物件でもリノベーション前提で売れていると聞く。

10月21日開札では、1973年（昭和48）3月築のマンションに大量38本の入札があり一番人気になったのに目を引かれた。その物件は東急目黒線「西小山」駅徒歩5分に立地する総戸数55戸のマンションで対象となった部屋は専有面積約16坪の1LDKであった。売却基準価額は1070万円であったが、これに対し売却本数の応札があり、最高価2948万円強で落札されていった。競落者は再販会社と思われ、リノベーション前提での売却と考えられる。

それにしても売却基準価額の2.75倍超の落札にも驚かされた。しかも、このマンション所在地は建築確認当時、容積率400%に指定されていたが、現在は300%のため現況では容積率超過の既存不適格建築物である。それでも立地の魅力か十分に購入需要があるのであろう。好立地中古マンションの人気を裏付けるような競落事例であった。

《ワイズ不動産投資顧問　山田純男》

2022年6月13日号

競売物件

東京地裁 開札トピックス

－225－

赤坂土地共有持分に大量入札

東京メトロ千代田線「赤坂」駅徒歩約8分

【6月1日開札】
- 対象　　27物件
- 入札　　27物件
- 落札率　100.00%
- 総入札　394本

競売市場には時折共有持分件が登場する。こうした物件の多くは相続により相続人複数の共有となったものの、その処分などが共有者の合意などされないままになった物件である。

6月1日開札では東京メトロ千代田線「赤坂」駅徒歩約8分に所在する32坪の土地の40分の7の共有持分が競売対象になった。南西側で幅員6、南東側、北西側で幅員3.1～4、1.5の公道に面する角地であるが、かなり細長い地形をしている。対象の土地には競売対象外の建物（土地と同じ共有）がある。

ただこの土地を占有しているのは売却対象外の共有者である。この者の明渡しや、建物収去が必要になる。今後は共有物分割請求訴訟などを経ることも必要そうだ。そんなことから、また対象が本件土地の半分以下の共有持分（40分の7）であることもあり、かなり思い切った入札価格になったと思う。

評価書では共有持分としての減価を30%としているが、実際には係外建物の収去などもあり、通常の更地評価と比すれば、もっと減価されるべき物件であると思われる。しかし、この物件は売却基準価額787万円に対し入札が37本集まり、最高価3300万円にて落札されていった。実に売却基準額の4倍強の落札である。準価額において共有持分の減基礎となる更地評価額が実勢価格より大幅に低かったことや、高値落札になったと考えられる。

《ワイズ不動産投資顧問　山田純男》

民事執行法（抄）

(昭和 54 年 3 月 30 日法律第 4 号)
(最終改正　令和5年6月14日法律第53号)

（執行官等の職務の執行の確保）

第6条　執行官は，職務の執行に際し抵抗を受けるときは，その抵抗を排除するために，威力を用い，又は警察上の援助を求めることができる。ただし，第64条の2第5項（第188条において準用する場合を含む。）の規定に基づく職務の執行については，この限りでない。

2　執行官以外の者で執行裁判所の命令により民事執行に関する職務を行うものは，職務の執行に際し抵抗を受けるときは，執行官に対し，援助を求めることができる。

（立会人）

第7条　執行官又は執行裁判所の命令により民事執行に関する職務を行う者（以下「執行官等」という。）は，人の住居に立ち入つて職務を執行するに際し，住居主，その代理人又は同居の親族若しくは使用人その他の従業者で相当のわきまえのあるものに出会わないときは，市町村の職員，警察官その他証人として相当と認められる者を立ち会わせなければならない。執行官が前条第1項の規定により威力を用い，又は警察上の援助を受けるときも，同様とする。

（休日又は夜間の執行）

第8条　執行官等は，日曜日その他の一般の休日又は午後7時から翌日の午前7時までの間に人の住居に立ち入つて職務を執行するには，執行裁判所の許可を受けなければならない。

2　執行官等は，職務の執行に当たり，前項の規定により許可を受けたことを証する文書を提示しなければならない。

（身分証明書等の携帯）

第9条　執行官等は，職務を執行する場合には，その身分又は資格を証する文書を携帯し，利害関係を有する者の請求があつたときは，これを提示しなければならない。

（執行抗告）

第10条　民事執行の手続に関する裁判に対しては，特別の定めがある場合に限り，執行抗告をすることができる。

2　執行抗告は，裁判の告知を受けた日から1週間の不変期間内に，抗告状を原裁判所に提出してしなければならない。

3　抗告状に執行抗告の理由の記載がないときは，抗告人は，抗告状を提出した日から1週間以内に，執行抗告の理由書を原裁判所に提出しなければならない。

4　執行抗告の理由は，最高裁判所規則で定めるところにより記載しなければならない。

5　次の各号に該当するときは，原裁判所は，執行抗告を却下しなければならない。

(1)　抗告人が第3項の規定による執行抗告の理由書の提出をしなかつたとき。

(2)　執行抗告の理由の記載が明らかに前項の規定に違反しているとき。

(3)　執行抗告が不適法であつてその不

備を補正することができないことが明らかであるとき。

⑷　執行抗告が民事執行の手続を不当に遅延させることを目的としてされたものであるとき。

6　抗告裁判所は，執行抗告についての裁判が効力を生ずるまでの間，担保を立てさせ，若しくは立てさせないで原裁判の執行の停止若しくは民事執行の手続の全部若しくは一部の停止を命じ，又は担保を立てさせてこれらの続行を命ずることができる。事件の記録が原裁判所に存する間は，原裁判所も，これらの処分を命ずることができる。

7　抗告裁判所は，抗告状又は執行抗告の理由書に記載された理由に限り，調査する。ただし，原裁判に影響を及ぼすべき法令の違反又は事実の誤認の有無については，職権で調査することができる。

8　第5項の規定による決定に対しては，執行抗告をすることができる。

9　第6項の規定による決定に対しては，不服を申し立てることができない。

10　民事訴訟法（平成8年法律第109号）第349条の規定は，執行抗告をすることができる裁判が確定した場合について準用する。

（執行異議）

第11条　執行裁判所の執行処分で執行抗告をすることができないものに対しては，執行裁判所に執行異議を申し立てることができる。執行官の執行処分及びその遅怠に対しても，同様とする。

2　前条第6項前段及び第9項の規定は，前項の規定による申立てがあつた場合について準用する。

（取消決定等に対する執行抗告）

第12条　民事執行の手続を取り消す旨の決定に対しては，執行抗告をすることができる。民事執行の手続を取り消す執行官の処分に対する執行異議の申立てを却下する裁判又は執行官に民事執行の手続の取消しを命ずる決定に対しても，同様とする。

2　前項の規定により執行抗告をすることができる裁判は，確定しなければその効力を生じない。

（官庁等に対する援助請求等）

第18条　民事執行のため必要がある場合には，執行裁判所又は執行官は，官庁又は公署に対し，援助を求めることができる。

2　前項に規定する場合には，執行裁判所又は執行官は，民事執行の目的である財産（財産が土地である場合にはその上にある建物を，財産が建物である場合にはその敷地を含む。）に対して課される租税その他の公課について，所管の官庁又は公署に対し，必要な証明書の交付を請求することができる。

3　前項の規定は，民事執行の申立てをしようとする者がその申立てのため同項の証明書を必要とする場合について準用する。

（債務名義）

第22条　強制執行は，次に掲げるもの（以下「債務名義」という。）により行う。

⑴　確定判決

⑵　仮執行の宣言を付した判決

⑶　抗告によらなければ不服を申し立てることができない裁判（確定しなければその効力を生じない裁判にあつては，確定したものに限る。）

⑶の2　仮執行の宣言を付した損害賠償命令

⑶の3　仮執行の宣言を付した届出債権支払命令

⑷　仮執行の宣言を付した支払督促

⑷の2　訴訟費用，和解の費用若しくは非訟事件（他の法令の規定により非訟事件手続法（平成23年法律第51号）の規定を準用することとされる事件を含む。），家事事件若しくは国際的な子の奪取の民事上の側面に関する条約の実施に関する法律（平成25年法律第48号）第29条に規定する子の返還に関する事件の手続の費用の負担の額を定める裁判所書記官の処分又は第42条第4項に規定する執行費用及び返還すべき金銭の額を定める裁判所書記官の処分（後者の処分にあつては，確定したものに限る。）

⑸　金銭の一定の額の支払又はその他の代替物若しくは有価証券の一定の数量の給付を目的とする請求について公証人が作成した公正証書で，債務者が直ちに強制執行に服する旨の陳述が記載されているもの（以下「執行証書」という。）

⑹　確定した執行判決のある外国裁判所の判決（家事事件における裁判を含む。第24条において同じ。）

⑹の2　確定した執行決定のある仲裁判断

⑺　確定判決と同一の効力を有するもの（第3号に掲げる裁判を除く。）

（強制執行をすることができる者の範囲）

第23条　執行証書以外の債務名義による強制執行は，次に掲げる者に対し，又はその者のためにすることができる。

⑴　債務名義に表示された当事者

⑵　債務名義に表示された当事者が他人のために当事者となつた場合のその他人

⑶　前二号に掲げる者の債務名義成立後の承継人（前条第1号，第2号又は第6号に掲げる債務名義にあつては口頭弁論終結後の承継人，同条第3号の2に掲げる債務名義又は同条第7号に掲げる債務名義のうち損害賠償命令に係るものにあつては審理終結後の承継人）

2　執行証書による強制執行は，執行証書に表示された当事者又は執行証書作成後のその承継人に対し，若しくはこれらの者のためにすることができる。

3　第1項に規定する債務名義による強制執行は，同項各号に掲げる者のために請求の目的物を所持する者に対しても，することができる。

（強制執行の実施）

第25条　強制執行は，執行文の付された債務名義の正本に基づいて実施する。ただし，少額訴訟における確定判決又は仮執行の宣言を付した少額訴訟の判決若しくは支払督促により，これに表示された当事者に対し，又はその者のためにする強制執行は，その正本に基づいて実施する。

（執行文の付与）

第26条　執行文は，申立てにより，執行証書以外の債務名義については事件の記録の存する裁判所の裁判所書記官が，執行証書についてはその原本を保存する公証人が付与する。

2　執行文の付与は，債権者が債務者に

対しその債務名義により強制執行をすることができる場合に，その旨を債務名義の正本の末尾に付記する方法により行う。

第27条 請求が債権者の証明すべき事実の到来に係る場合においては，執行文は，債権者がその事実の到来したことを証する文書を提出したときに限り，付与することができる。

2 債務名義に表示された当事者以外の者を債権者又は債務者とする執行文は，その者に対し，又はその者のために強制執行をすることができることが裁判所書記官若しくは公証人に明白であるとき，又は債権者がそのことを証する文書を提出したときに限り，付与することができる。

3 執行文は，債務名義について次に掲げる事由のいずれかがあり，かつ，当該債務名義に基づく不動産の引渡し又は明渡しの強制執行をする前に当該不動産を占有する者を特定することを困難とする特別の事情がある場合において，債権者がこれらを証する文書を提出したときに限り，債務者を特定しないで，付与することができる。

(1) 債務名義が不動産の引渡し又は明渡しの請求権を表示したものであり，これを本案とする占有移転禁止の仮処分命令（民事保全法（平成元年法律第91号）第25条の2第1項に規定する占有移転禁止の仮処分命令をいう。）が執行され，かつ，同法第62条第1項の規定により当該不動産を占有する者に対して当該債務名義に基づく引渡し又は明渡しの強制執行をすることができるものである

こと。

(2) 債務名義が強制競売の手続（担保権の実行としての競売の手続を含む。以下この号において同じ。）における第83条第1項本文（第188条において準用する場合を含む。）の規定による命令（以下「引渡命令」という。）であり，当該強制競売の手続において当該引渡命令の引渡義務者に対し次のイからハまでのいずれかの保全処分及び公示保全処分（第55条第1項に規定する公示保全処分をいう。以下この項において同じ。）が執行され，かつ，第83条の2第1項（第187条第5項又は第188条において準用する場合を含む。）の規定により当該不動産を占有する者に対して当該引渡命令に基づく引渡しの強制執行をすることができるものであること。

イ 第55条第1項第3号（第188条において準用する場合を含む。）に掲げる保全処分及び公示保全処分

ロ 第77条第1項第3号（第188条において準用する場合を含む。）に掲げる保全処分及び公示保全処分

ハ 第187条第1項に規定する保全処分又は公示保全処分（第55条第1項第3号に掲げるものに限る。）

4 前項の執行文の付された債務名義の正本に基づく強制執行は，当該執行文の付与の日から4週間を経過する前であつて，当該強制執行において不動産の占有を解く際にその占有者を特定することができる場合に限り，することができる。

5 第3項の規定により付与された執行

文については，前項の規定により当該
執行文の付された債務名義の正本に基
づく強制執行がされたときは，当該強
制執行によつて当該不動産の占有を解
かれた者が，債務者となる。

（債務名義等の送達）

第29条　強制執行は，債務名義又は確
定により債務名義となるべき裁判の正
本又は謄本が，あらかじめ，又は同時
に，債務者に送達されたときに限り，
開始することができる。第27条の規定
により執行文が付与された場合におい
ては，執行文及び同条の規定により債
権者が提出した文書の謄本も，あらか
じめ，又は同時に，送達されなければ
ならない。

（開始決定等）

第45条　執行裁判所は，強制競売の手
続を開始するには，強制競売の開始決
定をし，その開始決定において，債権
者のために不動産を差し押さえる旨を
宣言しなければならない。

2　前項の開始決定は，債務者に送達し
なければならない。

3　強制競売の申立てを却下する裁判に
対しては，執行抗告をすることができ
る。

（差押えの効力）

第46条　差押えの効力は，強制競売の
開始決定が債務者に送達された時に生
ずる。ただし，差押えの登記がその開
始決定の送達前にされたときは，登記
がされた時に生ずる。

2　差押えは，債務者が通常の用法に従
つて不動産を使用し，又は収益するこ
とを妨げない。

（二重開始決定）

第47条　強制競売又は担保権の実行と
しての競売（以下この節において「競
売」という。）の開始決定がされた不
動産について強制競売の申立てがあつ
たときは，執行裁判所は，更に強制競
売の開始決定をするものとする。

2　先の開始決定に係る強制競売若しく
は競売の申立てが取り下げられたと
き，又は先の開始決定に係る強制競売
若しくは競売の手続が取り消されたと
きは，執行裁判所は，後の強制競売の
開始決定に基づいて手続を続行しなけ
ればならない。

3　前項の場合において，後の強制競売
の開始決定が配当要求の終期後の申立
てに係るものであるときは，裁判所書
記官は，新たに配当要求の終期を定め
なければならない。この場合におい
て，既に第50条第1項（第188条にお
いて準用する場合を含む。）の届出を
した者に対しては，第49条第2項の規
定による催告は，要しない。

4　前項の規定による裁判所書記官の処
分に対しては，執行裁判所に異議を申
し立てることができる。

5　第10条第6項前段及び第9項の規定
は，前項の規定による異議の申立てが
あつた場合について準用する。

6　先の開始決定に係る強制競売又は競
売の手続が停止されたときは，執行裁
判所は，申立てにより，後の強制競売
の開始決定（配当要求の終期までにさ
れた申立てに係るものに限る。）に基
づいて手続を続行する旨の裁判をする
ことができる。ただし，先の開始決定
に係る強制競売又は競売の手続が取り

消されたとすれば，第62条第1項第2号に掲げる事項について変更が生ずるときは，この限りでない。

7　前項の申立てを却下する決定に対しては，執行抗告をすることができる。

（差押えの登記の嘱託等）

第48条　強制競売の開始決定がされたときは，裁判所書記官は，直ちに，その開始決定に係る差押えの登記を嘱託しなければならない。

2　登記官は，前項の規定による嘱託に基づいて差押えの登記をしたときは，その登記事項証明書を執行裁判所に送付しなければならない。

（開始決定及び配当要求の終期の公告等）

第49条　強制競売の開始決定に係る差押えの効力が生じた場合（その開始決定前に強制競売又は競売の開始決定がある場合を除く。）においては，裁判所書記官は，物件明細書の作成までの手続に要する期間を考慮して，配当要求の終期を定めなければならない。

2　裁判所書記官は，配当要求の終期を定めたときは，開始決定がされた旨及び配当要求の終期を公告し，かつ，次に掲げるものに対し，債権（利息その他の附帯の債権を含む。）の存否並びにその原因及び額を配当要求の終期までに執行裁判所に届け出るべき旨を催告しなければならない。

⑴　第87条第1項第3号に掲げる債権者

⑵　第87条第1項第4号に掲げる債権者（抵当証券の所持人にあつては，知れている所持人に限る。）

⑶　租税その他の公課を所管する官庁又は公署

3　裁判所書記官は，特に必要があると認めるときは，配当要求の終期を延期することができる。

4　裁判所書記官は，前項の規定により配当要求の終期を延期したときは，延期後の終期を公告しなければならない。

5　第1項又は第3項の規定による裁判所書記官の処分に対しては，執行裁判所に異議を申し立てることができる。

6　第10条第6項前段及び第9項の規定は，前項の規定による異議の申立てがあつた場合について準用する。

（催告を受けた者の債権の届出義務）

第50条　前条第2項の規定による催告を受けた同項第1号又は第2号に掲げる者は，配当要求の終期までに，その催告に係る事項について届出をしなければならない。

2　前項の届出をした者は，その届出に係る債権の元本の額に変更があつたときは，その旨の届出をしなければならない。

3　前二項の規定により届出をすべき者は，故意又は過失により，その届出をしなかつたとき，又は不実の届出をしたときは，これによつて生じた損害を賠償する責めに任ずる。

（配当要求）

第51条　第25条の規定により強制執行を実施することができる債務名義の正本（以下「執行力のある債務名義の正本」という。）を有する債権者，強制競売の開始決定に係る差押えの登記後に登記された仮差押債権者及び第181条第1項各号に掲げる文書により一般の先取特権を有することを証明した債権者は，配当要求をすることができる。

2　配当要求を却下する裁判に対しては，執行抗告をすることができる。

（配当要求の終期の変更）

第52条　配当要求の終期から，３月以内に売却許可決定がされないとき，又は３月以内にされた売却許可決定が取り消され，若しくは効力を失つたときは，配当要求の終期は，その終期から３月を経過した日に変更されたものとみなす。ただし，配当要求の終期から３月以内にされた売却許可決定が効力を失つた場合において，第67条の規定による次順位買受けの申出について売却許可決定がされたとき（その決定が取り消され，又は効力を失つたときを除く。）は，この限りでない。

（不動産の滅失等による強制競売の手続の取消し）

第53条　不動産の滅失その他売却による不動産の移転を妨げる事情が明らかとなつたときは，執行裁判所は，強制競売の手続を取り消さなければならない。

（差押えの登記の抹消の嘱託）

第54条　強制競売の申立てが取り下げられたとき，又は強制競売の手続を取り消す決定が効力を生じたときは，裁判所書記官は，その開始決定に係る差押えの登記の抹消を嘱託しなければならない。

2　前項の規定による嘱託に要する登録免許税その他の費用は，その取下げ又は取消決定に係る差押債権者の負担とする。

（売却のための保全処分等）

第55条　執行裁判所は，債務者又は不動産の占有者が価格減少行為（不動産の価格を減少させ，又は減少させるお

それがある行為をいう。以下この項において同じ。）をするときは，差押債権者（配当要求の終期後に強制競売又は競売の申立てをした差押債権者を除く。）の申立てにより，買受人が代金を納付するまでの間，次に掲げる保全処分又は公示保全処分（執行官に，当該保全処分の内容を，不動産の所在する場所に公示書その他の標識を掲示する方法により公示させることを内容とする保全処分をいう。以下同じ。）を命ずることができる。ただし，当該価格減少行為による不動産の価格の減少又はそのおそれの程度が軽微であるときは，この限りでない。

⑴　当該価格減少行為をする者に対し，当該価格減少行為を禁止し，又は一定の行為をすることを命ずる保全処分（執行裁判所が必要があると認めるときは，公示保全処分を含む。）

⑵　次に掲げる事項を内容とする保全処分（執行裁判所が必要があると認めるときは，公示保全処分を含む。）

　　イ　当該価格減少行為をする者に対し，不動産に対する占有を解いて執行官に引き渡すことを命ずること。

　　ロ　執行官に不動産の保管をさせること。

⑶　次に掲げる事項を内容とする保全処分及び公示保全処分

　　イ　前号イ及びロに掲げる事項

　　ロ　前号イに規定する者に対し，不動産の占有の移転を禁止することを命じ，及び当該不動産の使用を許すこと。

2　前項第２号又は第３号に掲げる保全

処分は，次に掲げる場合のいずれかに該当するときでなければ，命ずることができない。

(1) 前項の債務者が不動産を占有する場合

(2) 前項の不動産の占有者の占有の権原が差押債権者，仮差押債権者又は第59条第1項の規定により消滅する権利を有する者に対抗することができない場合

3 執行裁判所は，債務者以外の占有者に対し第1項の規定による決定をする場合において，必要があると認めるときは，その者を審尋しなければならない。

4 執行裁判所が第1項の規定による決定をするときは，申立人に担保を立てさせることができる。ただし，同項第2号に掲げる保全処分については，申立人に担保を立てさせなければ，同項の規定による決定をしてはならない。

5 事情の変更があつたときは，執行裁判所は，申立てにより，第1項の規定による決定を取り消し，又は変更することができる。

6 第1項又は前項の申立てについての裁判に対しては，執行抗告をすることができる。

7 第5項の規定による決定は，確定しなければその効力を生じない。

8 第1項第2号又は第3号に掲げる保全処分又は公示保全処分を命ずる決定は，申立人に告知された日から2週間を経過したときは，執行してはならない。

9 前項に規定する決定は，相手方に送達される前であつても，執行すること

ができる。

10 第1項の申立て又は同項（第1号を除く。）の規定による決定の執行に要した費用（不動産の保管のために要した費用を含む。）は，その不動産に対する強制競売の手続においては，共益費用とする。

（相手方を特定しないで発する売却のための保全処分等）

第55条の2 前条第1項第2号又は第3号に掲げる保全処分又は公示保全処分を命ずる決定については，当該決定の執行前に相手方を特定することを困難とする特別の事情があるときは，執行裁判所は，相手方を特定しないで，これを発することができる。

2 前項の規定による決定の執行は，不動産の占有を解く際にその占有者を特定することができない場合は，することができない。

3 第1項の規定による決定の執行がされたときは，当該執行によつて不動産の占有を解かれた者が，当該決定の相手方となる。

4 第1項の規定による決定は，前条第8項の期間内にその執行がされなかつたときは，相手方に対して送達することを要しない。この場合において，第15条第2項において準用する民事訴訟法第79条第1項の規定による担保の取消しの決定で前条第4項の規定により立てさせた担保に係るものは，執行裁判所が相当と認める方法で申立人に告知することによつて，その効力を生ずる。

（地代等の代払の許可）

第56条 建物に対し強制競売の開始決

定がされた場合において，その建物の所有を目的とする地上権又は賃借権について債務者が地代又は借賃を支払わないときは，執行裁判所は，申立てにより，差押債権者（配当要求の終期後に強制競売又は競売の申立てをした差押債権者を除く。）がその不払の地代又は借賃を債務者に代わつて弁済することを許可することができる。

2　第55条第10項の規定は，前項の申立てに要した費用及び同項の許可を得て支払つた地代又は借賃について準用する。

（現況調査）

第57条　執行裁判所は，執行官に対し，不動産の形状，占有関係その他の現況について調査を命じなければならない。

2　執行官は，前項の調査をするに際し，不動産に立ち入り，又は債務者若しくはその不動産を占有する第三者に対し，質問をし，若しくは文書の提示を求めることができる。

3　執行官は，前項の規定により不動産に立ち入る場合において，必要があるときは，閉鎖した戸を開くため必要な処分をすることができる。

4　執行官は，第1項の調査のため必要がある場合には，市町村（特別区の存する区域にあつては，都）に対し，不動産（不動産が土地である場合にはその上にある建物を，不動産が建物である場合にはその敷地を含む。）に対して課される固定資産税に関して保有する図面その他の資料の写しの交付を請求することができる。

5　執行官は，前項に規定する場合には，電気，ガス又は水道水の供給その他これらに類する継続的給付を行う公益事業を営む法人に対し，必要な事項の報告を求めることができる。

（評価）

第58条　執行裁判所は，評価人を選任し，不動産の評価を命じなければならない。

2　評価人は，近傍同種の不動産の取引価格，不動産から生ずべき収益，不動産の原価その他の不動産の価格形成上の事情を適切に勘案して，遅滞なく，評価をしなければならない。この場合において，評価人は，強制競売の手続において不動産の売却を実施するための評価であることを考慮しなければならない。

3　評価人は，第6条第2項の規定により執行官に対し援助を求めるには，執行裁判所の許可を受けなければならない。

4　第18条第2項並びに前条第2項，第4項及び第5項の規定は，評価人が評価をする場合について準用する。

（売却に伴う権利の消滅等）

第59条　不動産の上に存する先取特権，使用及び収益をしない旨の定めのある質権並びに抵当権は，売却により消滅する。

2　前項の規定により消滅する権利を有する者，差押債権者又は仮差押債権者に対抗することができない不動産に係る権利の取得は，売却によりその効力を失う。

3　不動産に係る差押え，仮差押えの執行及び第1項の規定により消滅する権利を有する者，差押債権者又は仮差押債権者に対抗することができない仮処

分の執行は，売却によりその効力を失
う。

4 　不動産の上に存する留置権並びに使
用及び収益をしない旨の定めのない質
権で第2項の規定の適用がないものに
ついては，買受人は，これらによつて
担保される債権を弁済する責めに任ず
る。

5 　利害関係を有する者が次条第1項に
規定する売却基準価額が定められる時
までに第1項，第2項又は前項の規定
と異なる合意をした旨の届出をしたと
きは，売却による不動産の上の権利の
変動は，その合意に従う。

（売却基準価額の決定等）

第60条 　執行裁判所は，評価人の評価
に基づいて，不動産の売却の額の基準
となるべき価額（以下「売却基準価額」
という。）を定めなければならない。

2 　執行裁判所は，必要があると認める
ときは，売却基準価額を変更すること
ができる。

3 　買受けの申出の額は，売却基準価額
からその10分の2に相当する額を控除
した価額（以下「買受可能価額」とい
う。）以上でなければならない。

（一括売却）

第61条 　執行裁判所は，相互の利用上
不動産を他の不動産（差押債権者又は
債務者を異にするものを含む。）と一
括して同一の買受人に買い受けさせる
ことが相当であると認めるときは，こ
れらの不動産を一括して売却すること
を定めることができる。ただし，一個
の申立てにより強制競売の開始決定が
された数個の不動産のうち，あるもの
の買受可能価額で各債権者の債権及び

執行費用の全部を弁済することができ
る見込みがある場合には，債務者の同
意があるときに限る。

（物件明細書）

第62条 　裁判所書記官は，次に掲げる
事項を記載した物件明細書を作成しな
ければならない。

⑴ 　不動産の表示

⑵ 　不動産に係る権利の取得及び仮処
分の執行で売却によりその効力を失
わないもの

⑶ 　売却により設定されたものとみな
される地上権の概要

2 　裁判所書記官は，前項の物件明細書
の写しを執行裁判所に備え置いて一般
の閲覧に供し，又は不特定多数の者が
当該物件明細書の内容の提供を受ける
ことができるものとして最高裁判所規
則で定める措置を講じなければならな
い。

3 　前二項の規定による裁判所書記官の
処分に対しては，執行裁判所に異議を
申し立てることができる。

4 　第10条第6項前段及び第9項の規定
は，前項の規定による異議の申立てが
あつた場合について準用する。

（剰余を生ずる見込みのない場合等の措置）

第63条 　執行裁判所は，次の各号のい
ずれかに該当すると認めるときは，そ
の旨を差押債権者（最初の強制競売の
開始決定に係る差押債権者をいう。た
だし，第47条第6項の規定により手続
を続行する旨の裁判があつたときは，
その裁判を受けた差押債権者をいう。
以下この条において同じ。）に通知し
なければならない。

⑴ 　差押債権者の債権に優先する債権

（以下この条において「優先債権」という。）がない場合において，不動産の買受可能価額が執行費用のうち共益費用であるもの（以下「手続費用」という。）の見込額を超えないとき。

(2) 優先債権がある場合において，不動産の買受可能価額が手続費用及び優先債権の見込額の合計額に満たないとき。

2 差押債権者が，前項の規定による通知を受けた日から1週間以内に，優先債権がない場合にあつては手続費用の見込額を超える額，優先債権がある場合にあつては手続費用及び優先債権の見込額の合計額以上の額（以下この項において「申出額」という。）を定めて，次の各号に掲げる区分に応じ，それぞれ当該各号に定める申出及び保証の提供をしないときは，執行裁判所は，差押債権者の申立てに係る強制競売の手続を取り消さなければならない。ただし，差押債権者が，その期間内に，前項各号のいずれにも該当しないことを証明したとき，又は同項第2号に該当する場合であつて不動産の買受可能価額が手続費用の見込額を超える場合において，不動産の売却について優先債権を有する者（買受可能価額で自己の優先債権の全部の弁済を受けることができる見込みがある者を除く。）の同意を得たことを証明したときは，この限りでない。

(1) 差押債権者が不動産の買受人になることができる場合　申出額に達する買受けの申出がないときは，自ら申出額で不動産を買い受ける旨の申

出及び申出額に相当する保証の提供

(2) 差押債権者が不動産の買受人になることができない場合　買受けの申出の額が申出額に達しないときは，申出額と買受けの申出の額との差額に相当する保証の提供

3 前項第2号の申出及び保証の提供があつた場合において，買受可能価額以上の額の買受けの申出がないときは，執行裁判所は，差押債権者の申立てに係る強制競売の手続を取り消さなければならない。

4 第2項の保証の提供は，執行裁判所に対し，最高裁判所規則で定める方法により行わなければならない。

（売却の方法及び公告）

第64条 不動産の売却は，裁判所書記官の定める売却の方法により行う。

2 不動産の売却の方法は，入札又は競り売りのほか，最高裁判所規則で定める。

3 裁判所書記官は，入札又は競り売りの方法により売却をするときは，売却の日時及び場所を定め，執行官に売却を実施させなければならない。

4 前項の場合においては，第20条において準用する民事訴訟法第93条第1項の規定にかかわらず，売却決定期日は，裁判所書記官が，売却を実施させる旨の処分と同時に指定する。

5 第3項の場合においては，裁判所書記官は，売却すべき不動産の表示，売却基準価額並びに売却の日時及び場所を公告しなければならない。

6 第1項，第3項又は第4項の規定による裁判所書記官の処分に対しては，執行裁判所に異議を申し立てることが

できる。

7　第10条第6項前段及び第9項の規定は，前項の規定による異議の申立てがあつた場合について準用する。

（内覧）

第64条の2　執行裁判所は，差押債権者（配当要求の終期後に強制競売又は競売の申立てをした差押債権者を除く。）の申立てがあるときは，執行官に対し，内覧（不動産の買受けを希望する者をこれに立ち入らせて見学させることをいう。以下この条において同じ。）の実施を命じなければならない。ただし，当該不動産の占有者の占有の権原が差押債権者，仮差押債権者及び第59条第1項の規定により消滅する権利を有する者に対抗することができる場合で当該占有者が同意しないときは，この限りでない。

2　前項の申立ては，最高裁判所規則で定めるところにより，売却を実施させる旨の裁判所書記官の処分の時までにしなければならない。

3　第1項の命令を受けた執行官は，売却の実施の時までに，最高裁判所規則で定めるところにより内覧への参加の申出をした者（不動産を買い受ける資格又は能力を有しない者その他最高裁判所規則で定める事由がある者を除く。第5項及び第6項において「内覧参加者」という。）のために，内覧を実施しなければならない。

4　執行裁判所は，内覧の円滑な実施が困難であることが明らかであるときは，第1項の命令を取り消すことができる。

5　執行官は，内覧の実施に際し，自ら不動産に立ち入り，かつ，内覧参加者を不動産に立ち入らせることができる。

6　執行官は，内覧参加者であつて内覧の円滑な実施を妨げる行為をするものに対し，不動産に立ち入ることを制限し，又は不動産から退去させることができる。

（売却の場所の秩序維持）

第65条　執行官は，次に掲げる者に対し，売却の場所に入ることを制限し，若しくはその場所から退場させ，又は買受けの申出をさせないことができる。

(1)　他の者の買受けの申出を妨げ，若しくは不当に価額を引き下げる目的をもつて連合する等売却の適正な実施を妨げる行為をし，又はその行為をさせた者

(2)　他の民事執行の手続の売却不許可決定において前号に該当する者と認定され，その売却不許可決定の確定の日から2年を経過しない者

(3)　民事執行の手続における売却に関し刑法（明治40年法律第45号）第95条から第96条の5まで，第197条から第197条の4まで若しくは第198条，組織的な犯罪の処罰及び犯罪収益の規制等に関する法律（平成11年法律第136号）第3条第1項第1号から第4号まで若しくは第2項（同条第1項第1号から第4号までに係る部分に限る。）又は公職にある者等のあっせん行為による利得等の処罰に関する法律（平成12年法律第130号）第1条第1項，第2条第1項若しくは第4条の規定により刑に処せられ，その裁判の確定の日から2年を経過しない者

（買受けの申出の保証）

第66条　不動産の買受けの申出をしようとする者は，最高裁判所規則で定めるところにより，執行裁判所が定める額及び方法による保証を提供しなければならない。

（次順位買受けの申出）

第67条　最高価買受申出人に次いで高額の買受けの申出をした者は，その買受けの申出の額が，買受可能価額以上で，かつ，最高価買受申出人の申出の額から買受けの申出の保証の額を控除した額以上である場合に限り，売却の実施の終了までに，執行官に対し，最高価買受申出人に係る売却許可決定が第80条第1項の規定により効力を失うときは，自己の買受けの申出について売却を許可すべき旨の申出（以下「次順位買受けの申出」という。）をすることができる。

（債務者の買受けの申出の禁止）

第68条　債務者は，買受けの申出をすることができない。

（買受けの申出をした差押債権者のための保全処分等）

第68条の2　執行裁判所は，裁判所書記官が入札又は競り売りの方法により売却を実施させても買受けの申出がなかつた場合において，債務者又は不動産の占有者が不動産の売却を困難にする行為をし，又はその行為をするおそれがあるときは，差押債権者（配当要求の終期後に強制競売又は競売の申立てをした差押債権者を除く。次項において同じ。）の申立てにより，買受人が代金を納付するまでの間，担保を立てさせて，次に掲げる事項を内容とする保全処分（執行裁判所が必要があると認めるときは，公示保全処分を含む。）を命ずることができる。

(1)　債務者又は不動産の占有者に対し，不動産に対する占有を解いて執行官又は申立人に引き渡すことを命ずること。

(2)　執行官又は申立人に不動産の保管をさせること。

2　差押債権者は，前項の申立てをするには，買受可能価額以上の額（以下この項において「申出額」という。）を定めて，次の入札又は競り売りの方法による売却の実施において申出額に達する買受けの申出がないときは自ら申出額で不動産を買い受ける旨の申出をし，かつ，申出額に相当する保証の提供をしなければならない。

3　事情の変更があつたときは，執行裁判所は，申立てにより又は職権で，第1項の規定による決定を取り消し，又は変更することができる。

4　第55条第2項の規定は第1項に規定する保全処分について，同条第3項の規定は第1項の規定による決定について，同条第6項の規定は第1項の申立てについての裁判，前項の規定による裁判又は同項の申立てを却下する裁判について，同条第7項の規定は前項の規定による決定について，同条第8項及び第9項並びに第55条の2の規定は第1項に規定する保全処分を命ずる決定について，第55条第10項の規定は第1項の申立て又は同項の規定による決定の執行に要した費用について，第63条第4項の規定は第2項の保証の提供について準用する。

（売却の見込みのない場合の措置）

第68条の3 執行裁判所は，裁判所書記官が入札又は競り売りの方法による売却を3回実施させても買受けの申出がなかつた場合において，不動産の形状，用途，法令による利用の規制その他の事情を考慮して，更に売却を実施させても売却の見込みがないと認めるときは，強制競売の手続を停止することができる。この場合においては，差押債権者に対し，その旨を通知しなければならない。

2 差押債権者が，前項の規定による通知を受けた日から三月以内に，執行裁判所に対し，買受けの申出をしようとする者があることを理由として，売却を実施させるべき旨を申し出たときは，裁判所書記官は，第64条の定めるところにより売却を実施させなければならない。

3 差押債権者が前項の期間内に同項の規定による売却実施の申出をしないときは，執行裁判所は，強制競売の手続を取り消すことができる。同項の規定により裁判所書記官が売却を実施させた場合において買受けの申出がなかつたときも，同様とする。

（売却決定期日）

第69条 執行裁判所は，売却決定期日を開き，売却の許可又は不許可を言い渡さなければならない。

（売却の許可又は不許可に関する意見の陳述）

第70条 不動産の売却の許可又は不許可に関し利害関係を有する者は，次条各号に掲げる事由で自己の権利に影響のあるものについて，売却決定期日において意見を陳述することができる。

（売却不許可事由）

第71条 執行裁判所は，次に掲げる事由があると認めるときは，売却不許可決定をしなければならない。

(1) 強制競売の手続の開始又は続行をすべきでないこと。

(2) 最高価買受申出人が不動産を買い受ける資格若しくは能力を有しないこと又はその代理人がその権限を有しないこと。

(3) 最高価買受申出人が不動産を買い受ける資格を有しない者の計算において買受けの申出をした者であること。

(4) 最高価買受申出人，その代理人又は自己の計算において最高価買受申出人に買受けの申出をさせた者が次のいずれかに該当すること。

　イ　その強制競売の手続において第65条第1号に規定する行為をした者

　ロ　その強制競売の手続において，代金の納付をしなかつた者又は自己の計算においてその者に買受けの申出をさせたことがある者

　ハ　第65条第2号又は第3号に掲げる者

(5) 最高価買受申出人又は自己の計算において最高価買受申出人に買受けの申出をさせた者が次のいずれかに該当すること。

　イ　暴力団員等（買受けの申出がされた時に暴力団員等であつた者を含む。）

　ロ　法人でその役員のうちに暴力団員等に該当する者があるもの（買

受けの申出がされた時にその役員
のうちに暴力団員等に該当する者
があつたものを含む。）

(6)　第75条第1項の規定による売却の
不許可の申出があること。

(7)　売却基準価額若しくは一括売却の
決定，物件明細書の作成又はこれら
の手続に重大な誤りがあること。

(8)　売却の手続に重大な誤りがあるこ
と。

**（売却の実施の終了後に執行停止の裁判
等の提出があつた場合の措置）**

第72条　売却の実施の終了から売却決
定期日の終了までの間に第39条第1項
第7号に掲げる文書の提出があつた場
合には，執行裁判所は，他の事由によ
り売却不許可決定をするときを除き，
売却決定期日を開くことができない。
この場合においては，最高価買受申出
人又は次順位買受申出人は，執行裁判
所に対し，買受けの申出を取り消すこ
とができる。

2　売却決定期日の終了後に前項に規定
する文書の提出があつた場合には，そ
の期日にされた売却許可決定が取り消
され，若しくは効力を失つたとき，又
はその期日にされた売却不許可決定が
確定したときに限り，第39条の規定を
適用する。

3　売却の実施の終了後に第39条第1項
第8号に掲げる文書の提出があつた場
合には，その売却に係る売却許可決定
が取り消され，若しくは効力を失つた
とき，又はその売却に係る売却不許可
決定が確定したときに限り，同条の規
定を適用する。

（超過売却となる場合の措置）

第73条　数個の不動産を売却した場合
において，あるものの買受けの申出の
額で各債権者の債権及び執行費用の全
部を弁済することができる見込みがあ
るときは，執行裁判所は，他の不動産
についての売却許可決定を留保しなけ
ればならない。

2　前項の場合において，その買受けの
申出の額で各債権者の債権及び執行費
用の全部を弁済することができる見込
みがある不動産が数個あるときは，執
行裁判所は，売却の許可をすべき不動
産について，あらかじめ，債務者の意
見を聴かなければならない。

3　第1項の規定により売却許可決定が
留保された不動産の最高価買受申出人
又は次順位買受申出人は，執行裁判所
に対し，買受けの申出を取り消すこと
ができる。

4　売却許可決定のあつた不動産につい
て代金が納付されたときは，執行裁判
所は，前項の不動産に係る強制競売の
手続を取り消さなければならない。

**（売却の許可又は不許可の決定に対する
執行抗告）**

第74条　売却の許可又は不許可の決定
に対しては，その決定により自己の権
利が害されることを主張するときに限
り，執行抗告をすることができる。

2　売却許可決定に対する執行抗告は，
第71条各号に掲げる事由があること又
は売却許可決定の手続に重大な誤りが
あることを理由としなければならない。

3　民事訴訟法第338条第1項各号に掲げ
る事由は，前二項の規定にかかわらず，
売却の許可又は不許可の決定に対する

執行抗告の理由とすることができる。

4　抗告裁判所は，必要があると認める
　ときは，抗告人の相手方を定めること
　ができる。

5　売却の許可又は不許可の決定は，確
　定しなければその効力を生じない。

**（不動産が損傷した場合の売却の不許可
の申出等）**

第75条　最高価買受申出人又は買受人
　は，買受けの申出をした後天災その他
　自己の責めに帰することができない事
　由により不動産が損傷した場合には，
　執行裁判所に対し，売却許可決定前に
　あつては売却の不許可の申出をし，売
　却許可決定後にあつては代金を納付す
　る時までにその決定の取消しの申立て
　をすることができる。ただし，不動産
　の損傷が軽微であるときは，この限り
　でない。

2　前項の規定による売却許可決定の取
　消しの申立てについての決定に対して
　は，執行抗告をすることができる。

3　前項に規定する申立てにより売却許
　可決定を取り消す決定は，確定しなけ
　ればその効力を生じない。

**（買受けの申出後の強制競売の申立ての
取下げ等）**

第76条　買受けの申出があつた後に強
　制競売の申立てを取り下げるには，最
　高価買受申出人又は買受人及び次順位
　買受申出人の同意を得なければならな
　い。ただし，他に差押債権者（配当要
　求の終期後に強制競売又は競売の申立
　てをした差押債権者を除く。）がある
　場合において，取下げにより第62条第
　1項第2号に掲げる事項について変更
　が生じないときは，この限りでない。

2　前項の規定は，買受けの申出があつ
　た後に第39条第1項第4号又は第5号
　に掲げる文書を提出する場合について
　準用する。

**（最高価買受申出人又は買受人のための
保全処分等）**

第77条　執行裁判所は，債務者又は不
　動産の占有者が，価格減少行為等（不
　動産の価格を減少させ，又は不動産の
　引渡しを困難にする行為をいう。以下
　この項において同じ。）をし，又は価
　格減少行為等をするおそれがあるとき
　は，最高価買受申出人又は買受人の申
　立てにより，引渡命令の執行までの
　間，その買受けの申出の額（金銭によ
　り第66条の保証を提供した場合にあつ
　ては，当該保証の額を控除した額）に
　相当する金銭を納付させ，又は代金を
　納付させて，次に掲げる保全処分又は
　公示保全処分を命ずることができる。

⑴　債務者又は不動産の占有者に対
　し，価格減少行為等を禁止し，又は
　一定の行為をすることを命ずる保全
　処分（執行裁判所が必要があると認
　めるときは，公示保全処分を含む。）

⑵　次に掲げる事項を内容とする保全
　処分（執行裁判所が必要があると認
　めるときは，公示保全処分を含む。）

　イ　当該価格減少行為等をし，又は
　　そのおそれがある者に対し，不動
　　産に対する占有を解いて執行官に
　　引き渡すことを命ずること。

　ロ　執行官に不動産の保管をさせる
　　こと。

⑶　次に掲げる事項を内容とする保全
　処分及び公示保全処分

　イ　前号イ及びロに掲げる事項

ロ　前号イに規定する者に対し，不
　　　動産の占有の移転を禁止すること
　　　を命じ，及び不動産の使用を許す
　　　こと。
2　第55条第2項（第1号に係る部分に
　限る。）の規定は前項第2号又は第3
　号に掲げる保全処分について，同条第
　2項（第2号に係る部分に限る。）の
　規定は前項に掲げる保全処分につい
　て，同条第3項，第4項本文及び第5
　項の規定は前項の規定による決定につ
　いて，同条第6項の規定は前項の申立
　て又はこの項において準用する同条第
　5項の申立てについての裁判につい
　て，同条第7項の規定はこの項におい
　て準用する同条第5項の規定による決
　定について，同条第8項及び第9項並
　びに第55条の2の規定は前項第2号又
　は第3号に掲げる保全処分を命ずる決
　定について準用する。

（代金の納付）

第78条　売却許可決定が確定したとき
　は，買受人は，裁判所書記官の定める
　期限までに代金を執行裁判所に納付し
　なければならない。
2　買受人が買受けの申出の保証として
　提供した金銭及び前条第1項の規定に
　より納付した金銭は，代金に充てる。
3　買受人が第63条第2項第1号又は第
　68条の2第2項の保証を金銭の納付以
　外の方法で提供しているときは，執行
　裁判所は，最高裁判所規則で定めると
　ころによりこれを換価し，その換価代
　金から換価に要した費用を控除したも
　のを代金に充てる。この場合におい
　て，換価に要した費用は，買受人の負
　担とする。

4　買受人は，売却代金から配当又は弁
　済を受けるべき債権者であるときは，
　売却許可決定が確定するまでに執行裁
　判所に申し出て，配当又は弁済を受け
　るべき額を差し引いて代金を配当期日
　又は弁済金の交付の日に納付すること
　ができる。ただし，配当期日において，
　買受人の受けるべき配当の額について
　異議の申出があつたときは，買受人
　は，当該配当期日から1週間以内に，
　異議に係る部分に相当する金銭を納付
　しなければならない。
5　裁判所書記官は，特に必要があると
　認めるときは，第1項の期限を変更す
　ることができる。
6　第1項又は前項の規定による裁判所
　書記官の処分に対しては，執行裁判所
　に異議を申し立てることができる。
7　第10条第6項前段及び第9項の規定
　は，前項の規定による異議の申立てが
　あつた場合について準用する。

（不動産の取得の時期）

第79条　買受人は，代金を納付した時
　に不動産を取得する。

（代金不納付の効果）

第80条　買受人が代金を納付しないと
　きは，売却許可決定は，その効力を失
　う。この場合においては，買受人は，
　第66条の規定により提供した保証の返
　還を請求することができない。
2　前項前段の場合において，次順位買
　受けの申出があるときは，執行裁判所
　は，その申出について売却の許可又は
　不許可の決定をしなければならない。

（法定地上権）

第81条　土地及びその上にある建物が
　債務者の所有に属する場合において，

その土地又は建物の差押えがあり，その売却により所有者を異にするに至つたときは，その建物について，地上権が設定されたものとみなす。この場合においては，地代は，当事者の請求により，裁判所が定める。

（代金納付による登記の嘱託）

第82条 買受人が代金を納付したときは，裁判所書記官は，次に掲げる登記及び登記の抹消を嘱託しなければならない。

　(1) 買受人の取得した権利の移転の登記

　(2) 売却により消滅した権利又は売却により効力を失つた権利の取得若しくは仮処分に係る登記の抹消

　(3) 差押え又は仮差押えの登記の抹消

2　買受人及び買受人から不動産の上に抵当権の設定を受けようとする者が，最高裁判所規則で定めるところにより，代金の納付の時までに申出をしたときは，前項の規定による嘱託は，登記の申請の代理を業とすることができる者で申出人の指定するものに嘱託情報を提供して登記所に提供させる方法によつてしなければならない。この場合において，申出人の指定する者は，遅滞なく，その嘱託情報を登記所に提供しなければならない。

3　第1項の規定による嘱託をするには，その嘱託情報と併せて売却許可決定があつたことを証する情報を提供しなければならない。

4　第1項の規定による嘱託に要する登録免許税その他の費用は，買受人の負担とする。

（引渡命令）

第83条 執行裁判所は，代金を納付した買受人の申立てにより，債務者又は不動産の占有者に対し，不動産を買受人に引き渡すべき旨を命ずることができる。ただし，事件の記録上買受人に対抗することができる権原により占有していると認められる者に対しては，この限りでない。

2　買受人は，代金を納付した日から6月（買受けの時に民法第395条第1項に規定する抵当建物使用者が占有していた建物の買受人にあつては，9月）を経過したときは，前項の申立てをすることができない。

3　執行裁判所は，債務者以外の占有者に対し第1項の規定による決定をする場合には，その者を審尋しなければならない。ただし，事件の記録上その者が買受人に対抗することができる権原により占有しているものでないことが明らかであるとき，又は既にその者を審尋しているときは，この限りでない。

4　第1項の申立てについての裁判に対しては，執行抗告をすることができる。

5　第1項の規定による決定は，確定しなければその効力を生じない。

（占有移転禁止の保全処分等の効力）

第83条の2 強制競売の手続において，第55条第1項第3号又は第77条第1項第3号に掲げる保全処分及び公示保全処分を命ずる決定の執行がされ，かつ，買受人の申立てにより当該決定の被申立人に対して引渡命令が発せられたときは，買受人は，当該引渡命令に基づき，次に掲げる者に対し，不動産の引渡しの強制執行をすることができる。

⑴　当該決定の執行がされたことを知
つて当該不動産を占有した者
⑵　当該決定の執行後に当該執行がさ
れたことを知らないで当該決定の被
申立人の占有を承継した者
2　前項の決定の執行後に同項の不動産
を占有した者は，その執行がされたこ
とを知つて占有したものと推定する。
3　第1項の引渡命令について同項の決
定の被申立人以外の者に対する執行文
が付与されたときは，その者は，執行
文の付与に対する異議の申立てにおい
て，買受人に対抗することができる権
原により不動産を占有していること，
又は自己が同項各号のいずれにも該当
しないことを理由とすることができる。

（売却代金の配当等の実施）
第84条　執行裁判所は，代金の納付が
あつた場合には，次項に規定する場合
を除き，配当表に基づいて配当を実施
しなければならない。
2　債権者が1人である場合又は債権者
が2人以上であつて売却代金で各債権
者の債権及び執行費用の全部を弁済す
ることができる場合には，執行裁判所
は，売却代金の交付計算書を作成し
て，債権者に弁済金を交付し，剰余金
を債務者に交付する。
3　代金の納付後に第39条第1項第1号
から第6号までに掲げる文書の提出が
あつた場合において，他に売却代金の
配当又は弁済金の交付（以下「配当等」
という。）を受けるべき債権者があると
きは，執行裁判所は，その債権者のた
めに配当等を実施しなければならない。
4　代金の納付後に第39条第1項第7号
又は第8号に掲げる文書の提出があつ

た場合においても，執行裁判所は，配
当等を実施しなければならない。

（配当表の作成）
第85条　執行裁判所は，配当期日にお
いて，第87条第1項各号に掲げる各債
権者について，その債権の元本及び利
息その他の附帯の債権の額，執行費用
の額並びに配当の順位及び額を定め
る。ただし，配当の順位及び額につい
ては，配当期日においてすべての債権
者間に合意が成立した場合は，この限
りでない。
2　執行裁判所は，前項本文の規定によ
り配当の順位及び額を定める場合に
は，民法，商法その他の法律の定める
ところによらなければならない。
3　配当期日には，第1項に規定する債
権者及び債務者を呼び出さなければな
らない。
4　執行裁判所は，配当期日において，
第1項本文に規定する事項を定めるた
め必要があると認めるときは，出頭し
た債権者及び債務者を審尋し，かつ，
即時に取り調べることができる書証の
取調べをすることができる。
5　第1項の規定により同項本文に規定
する事項（同項ただし書に規定する場
合には，配当の順位及び額を除く。）
が定められたときは，裁判所書記官
は，配当期日において，配当表を作成
しなければならない。
6　配当表には，売却代金の額及び第1
項本文に規定する事項についての執行
裁判所の定めの内容（同項ただし書に
規定する場合にあつては，配当の順位
及び額については，その合意の内容）
を記載しなければならない。

7　第16条第3項及び第4項の規定は，第1項に規定する債権者（同条第1項前段に規定する者を除く。）に対する呼出状の送達について準用する。

（売却代金）

第86条　売却代金は，次に掲げるものとする。

⑴　不動産の代金

⑵　第63条第2項第2号の規定により提供した保証のうち申出額から代金の額を控除した残額に相当するもの

⑶　第80条第1項後段の規定により買受人が返還を請求することができない保証

2　第61条の規定により不動産が一括して売却された場合において，各不動産ごとに売却代金の額を定める必要があるときは，その額は，売却代金の総額を各不動産の売却基準価額に応じて案分して得た額とする。各不動産ごとの執行費用の負担についても，同様とする。

3　第78条第3項の規定は，第1項第2号又は第3号に規定する保証が金銭の納付以外の方法で提供されている場合の換価について準用する。

（配当等を受けるべき債権者の範囲）

第87条　売却代金の配当等を受けるべき債権者は，次に掲げる者とする。

⑴　差押債権者（配当要求の終期までに強制競売又は一般の先取特権の実行としての競売の申立てをした差押債権者に限る。）

⑵　配当要求の終期までに配当要求をした債権者

⑶　差押え（最初の強制競売の開始決定に係る差押えをいう。次号において同じ。）の登記前に登記された仮差押えの債権者

⑷　差押えの登記前に登記（民事保全法第53条第2項に規定する仮処分による仮登記を含む。）がされた先取特権（第1号又は第2号に掲げる債権者が有する一般の先取特権を除く。），質権又は抵当権で売却により消滅するものを有する債権者（その抵当権に係る抵当証券の所持人を含む。）

2　前項第4号に掲げる債権者の権利が仮差押えの登記後に登記されたものである場合には，その債権者は，仮差押債権者が本案の訴訟において敗訴し，又は仮差押えがその効力を失つたときに限り，配当等を受けることができる。

3　差押えに係る強制競売の手続が停止され，第47条第6項の規定による手続を続行する旨の裁判がある場合において，執行を停止された差押債権者がその停止に係る訴訟等において敗訴したときは，差押えの登記後続行の裁判に係る差押えの登記前に登記された第1項第4号に規定する権利を有する債権者は，配当等を受けることができる。

（期限付債権の配当等）

第88条　確定期限の到来していない債権は，配当等については，弁済期が到来したものとみなす。

2　前項の債権が無利息であるときは，配当等の日から期限までの配当等の日における法定利率による利息との合算額がその債権の額となるべき元本額をその債権の額とみなして，配当等の額を計算しなければならない。

（配当異議の申出）

第89条　配当表に記載された各債権者

の債権又は配当の額について不服のある債権者及び債務者は，配当期日において，異議の申出（以下「配当異議の申出」という。）をすることができる。

2　執行裁判所は，配当異議の申出のない部分に限り，配当を実施しなければならない。

（配当異議の訴え等）

第90条　配当異議の申出をした債権者及び執行力のある債務名義の正本を有しない債権者に対し配当異議の申出をした債務者は，配当異議の訴えを提起しなければならない。

2　前項の訴えは，執行裁判所が管轄する。

3　第1項の訴えは，原告が最初の口頭弁論期日に出頭しない場合には，その責めに帰することができない事由により出頭しないときを除き，却下しなければならない。

4　第1項の訴えの判決においては，配当表を変更し，又は新たな配当表の調製のために，配当表を取り消さなければならない。

5　執行力のある債務名義の正本を有する債権者に対し配当異議の申出をした債務者は，請求異議の訴え又は民事訴訟法第117条第1項の訴えを提起しなければならない。

6　配当異議の申出をした債権者又は債務者が，配当期日（知れていない抵当証券の所持人に対する配当異議の申出にあつては，その所持人を知つた日）から1週間以内（買受人が第78条第4項ただし書の規定により金銭を納付すべき場合にあつては，2週間以内）に，執行裁判所に対し，第1項の訴えを提

起したことの証明をしないとき，又は前項の訴えを提起したことの証明及びその訴えに係る執行停止の裁判の正本の提出をしないときは，配当異議の申出は，取り下げたものとみなす。

（配当等の額の供託）

第91条　配当等を受けるべき債権者の債権について次に掲げる事由があるときは，裁判所書記官は，その配当等の額に相当する金銭を供託しなければならない。

⑴　停止条件付又は不確定期限付であるとき。

⑵　仮差押債権者の債権であるとき。

⑶　第39条第1項第7号又は第183条第1項第6号に掲げる文書が提出されているとき。

⑷　その債権に係る先取特権，質権又は抵当権（以下この項において「先取特権等」という。）の実行を一時禁止する裁判の正本が提出されているとき。

⑸　その債権に係る先取特権等につき仮登記又は民事保全法第53条第2項に規定する仮処分による仮登記がされたものであるとき。

⑹　仮差押え又は執行停止に係る差押えの登記後に登記された先取特権等があるため配当額が定まらないとき。

⑺　配当異議の訴えが提起されたとき。

2　裁判所書記官は，配当等の受領のために執行裁判所に出頭しなかつた債権者（知れていない抵当証券の所持人を含む。）に対する配当等の額に相当する金銭を供託しなければならない。

（権利確定等に伴う配当等の実施）

第92条　前条第1項の規定による供託

がされた場合において，その供託の事由が消滅したときは，執行裁判所は，供託金について配当等を実施しなければならない。

2　前項の規定により配当を実施すべき場合において，前条第1項第1号から第5号までに掲げる事由による供託に係る債権者若しくは同項第6号に掲げる事由による供託に係る仮差押債権者若しくは執行を停止された差押債権者に対して配当を実施することができなくなつたとき，又は同項第7号に掲げる事由による供託に係る債権者が債務者の提起した配当異議の訴えにおいて敗訴したときは，執行裁判所は，配当異議の申出をしなかつた債権者のためにも配当表を変更しなければならない。

（不動産の引渡し等の強制執行）

第168条　不動産等（不動産又は人の居住する船舶等をいう。以下この条及び次条において同じ。）の引渡し又は明渡しの強制執行は，執行官が債務者の不動産等に対する占有を解いて債権者にその占有を取得させる方法により行う。

2　執行官は，前項の強制執行をするため同項の不動産等の占有者を特定する必要があるときは，当該不動産等に在る者に対し，当該不動産等又はこれに近接する場所において，質問をし，又は文書の提示を求めることができる。

3　第1項の強制執行は，債権者又はその代理人が執行の場所に出頭したときに限り，することができる。

4　執行官は，第1項の強制執行をするに際し，債務者の占有する不動産等に立ち入り，必要があるときは，閉鎖した戸を開くため必要な処分をすること

ができる。

5　執行官は，第1項の強制執行においては，その目的物でない動産を取り除いて，債務者，その代理人又は同居の親族若しくは使用人その他の従業者で相当のわきまえのあるものに引き渡さなければならない。この場合において，その動産をこれらの者に引き渡すことができないときは，執行官は，最高裁判所規則で定めるところにより，これを売却することができる。

6　執行官は，前項の動産のうちに同項の規定による引渡し又は売却をしなかつたものがあるときは，これを保管しなければならない。この場合においては，前項後段の規定を準用する。

7　前項の規定による保管の費用は，執行費用とする。

8　第5項（第6項後段において準用する場合を含む。）の規定により動産を売却したときは，執行官は，その売得金から売却及び保管に要した費用を控除し，その残余を供託しなければならない。

9　第57条第5項の規定は，第1項の強制執行について準用する。

（明渡しの催告）

第168条の2　執行官は，不動産等の引渡し又は明渡しの強制執行の申立てがあつた場合において，当該強制執行を開始することができるときは，次項に規定する引渡し期限を定めて，明渡しの催告（不動産等の引渡し又は明渡しの催告をいう。以下この条において同じ。）をすることができる。ただし，債務者が当該不動産等を占有していないときは，この限りでない。

2 引渡し期限（明渡しの催告に基づき第6項の規定による強制執行をすることができる期限をいう。以下この条において同じ。）は，明渡しの催告があつた日から1月を経過する日とする。ただし，執行官は，執行裁判所の許可を得て，当該日以後の日を引渡し期限とすることができる。

3 執行官は，明渡しの催告をしたときは，その旨，引渡し期限及び第5項の規定により債務者が不動産等の占有を移転することを禁止されている旨を，当該不動産等の所在する場所に公示書その他の標識を掲示する方法により，公示しなければならない。

4 執行官は，引渡し期限が経過するまでの間において，執行裁判所の許可を得て，引渡し期限を延長することができる。この場合において，執行官は，引渡し期限の変更があつた旨及び変更後の引渡し期限を，当該不動産等の所在する場所に公示書その他の標識を掲示する方法により，公示しなければならない。

5 明渡しの催告があつたときは，債務者は，不動産等の占有を移転してはならない。ただし，債権者に対して不動産等の引渡し又は明渡しをする場合は，この限りでない。

6 明渡しの催告後に不動産等の占有の移転があつたときは，引渡し期限が経過するまでの間において，占有者（第1項の不動産等を占有する者であつて債務者以外のものをいう。以下この条において同じ。）に対して，第1項の申立てに基づく強制執行をすることができる。この場合において，第42

条及び前条の規定の適用については，当該占有者を債務者とみなす。

7 明渡しの催告後に不動産等の占有の移転があつたときは，占有者は，明渡しの催告があつたことを知らず，かつ，債務者の占有の承継人でないことを理由として，債権者に対し，強制執行の不許を求める訴えを提起することができる。この場合においては，第36条，第37条及び第38条第3項の規定を準用する。

8 明渡しの催告後に不動産等を占有した占有者は，明渡しの催告があつたことを知つて占有したものと推定する。

9 第6項の規定により占有者に対して強制執行がされたときは，当該占有者は，執行異議の申立てにおいて，債権者に対抗することができる権原により目的物を占有していること，又は明渡しの催告があつたことを知らず，かつ，債務者の占有の承継人でないことを理由とすることができる。

10 明渡しの催告に要した費用は，執行費用とする。

（不動産担保権の実行の方法）

第180条 不動産（登記することができない土地の定着物を除き，第43条第2項の規定により不動産とみなされるものを含む。以下この章において同じ。）を目的とする担保権（以下この章において「不動産担保権」という。）の実行は，次に掲げる方法であつて債権者が選択したものにより行う。

⑴ 担保不動産競売（競売による不動産担保権の実行をいう。以下この章において同じ。）の方法

⑵ 担保不動産収益執行（不動産から

生ずる収益を被担保債権の弁済に充
てる方法による不動産担保権の実行
をいう。以下この章において同じ。）
の方法

（不動産担保権の実行の開始）

第181条　不動産担保権の実行は，次に
掲げる文書が提出されたときに限り，
開始する。

(1)　担保権の存在を証する確定判決若
しくは家事事件手続法第75条の審判
又はこれらと同一の効力を有するも
のの謄本

(2)　担保権の存在を証する公証人が作
成した公正証書の謄本

(3)　担保権の登記（仮登記を除く。）
に関する登記事項証明書

(4)　一般の先取特権にあつては，その
存在を証する文書

2　抵当証券の所持人が不動産担保権の
実行の申立てをするには，抵当証券を
提出しなければならない。

3　担保権について承継があつた後不動
産担保権の実行の申立てをする場合に
は，相続その他の一般承継にあつては
その承継を証する文書を，その他の承
継にあつてはその承継を証する裁判の
謄本その他の公文書を提出しなければ
ならない。

4　不動産担保権の実行の開始決定がさ
れたときは，裁判所書記官は，開始決
定の送達に際し，不動産担保権の実行
の申立てにおいて提出された前三項に
規定する文書の目録及び第1項第4号
に掲げる文書の写しを相手方に送付し
なければならない。

（開始決定に対する執行抗告等）

第182条　不動産担保権の実行の開始決
定に対する執行抗告又は執行異議の申
立てにおいては，債務者又は不動産の
所有者（不動産とみなされるものにあ
つては，その権利者。以下同じ。）は，
担保権の不存在又は消滅を理由とする
ことができる。

（不動産担保権の実行の手続の停止）

第183条　不動産担保権の実行の手続
は，次に掲げる文書の提出があつたと
きは，停止しなければならない。

(1)　担保権のないことを証する確定判
決（確定判決と同一の効力を有する
ものを含む。次号において同じ。）
の謄本

(2)　第181条第1項第1号に掲げる裁
判若しくはこれと同一の効力を有す
るものを取り消し，若しくはその効
力がないことを宣言し，又は同項第
3号に掲げる登記を抹消すべき旨を
命ずる確定判決の謄本

(3)　担保権の実行をしない旨，その実
行の申立てを取り下げる旨又は債権
者が担保権によつて担保される債権
の弁済を受け，若しくはその債権の
弁済の猶予をした旨を記載した裁判
上の和解の調書その他の公文書の謄
本

(4)　担保権の登記の抹消に関する登記
事項証明書

(5)　不動産担保権の実行の手続の停止
及び執行処分の取消しを命ずる旨を
記載した裁判の謄本

(6)　不動産担保権の実行の手続の一時
の停止を命ずる旨を記載した裁判の
謄本

(7)　担保権の実行を一時禁止する裁判
の謄本

2 前項第1号から第5号までに掲げる文書が提出されたときは，執行裁判所は，既にした執行処分をも取り消さなければならない。

3 第12条の規定は，前項の規定による決定については適用しない。

（代金の納付による不動産取得の効果）

第184条 担保不動産競売における代金の納付による買受人の不動産の取得は，担保権の不存在又は消滅により妨げられない。

（担保不動産競売の開始決定前の保全処分等）

第187条 執行裁判所は，担保不動産競売の開始決定前であつても，債務者又は不動産の所有者若しくは占有者が価格減少行為（第55条第1項に規定する価格減少行為をいう。以下この項において同じ。）をする場合において，特に必要があるときは，当該不動産につき担保不動産競売の申立てをしようとする者の申立てにより，買受人が代金を納付するまでの間，同条第1項各号に掲げる保全処分又は公示保全処分を命ずることができる。ただし，当該価格減少行為による価格の減少又はそのおそれの程度が軽微であるときは，この限りでない。

2 前項の場合において，第55条第1項第2号又は第3号に掲げる保全処分は，次に掲げる場合のいずれかに該当するときでなければ，命ずることができない。

(1) 前項の債務者又は同項の不動産の所有者が当該不動産を占有する場合

(2) 前項の不動産の占有者の占有の権原が同項の規定による申立てをした

者に対抗することができない場合

3 第1項の規定による申立てをするには，担保不動産競売の申立てをする場合において第181条第1項から第3項までの規定により提出すべき文書を提示しなければならない。

4 執行裁判所は，申立人が第1項の保全処分を命ずる決定の告知を受けた日から3月以内に同項の担保不動産競売の申立てをしたことを証する文書を提出しないときは，被申立人又は同項の不動産の所有者の申立てにより，その決定を取り消さなければならない。

5 第55条第3項から第5項までの規定は第1項の規定による決定について，同条第6項の規定は第1項又はこの項において準用する同条第5項の申立てについての裁判について，同条第7項の規定はこの項において準用する同条第5項の規定による決定について，同条第8項及び第9項並びに第55条の2の規定は第1項の規定による決定（第55条第1項第1号に掲げる保全処分又は公示保全処分を命ずるものを除く。）について，第55条第10項の規定は第1項の申立て又は同項の規定による決定（同条第1項第1号に掲げる保全処分又は公示保全処分を命ずるものを除く。）の執行に要した費用について，第83条の2の規定は第1項の規定による決定（第55条第1項第3号に掲げる保全処分及び公示保全処分を命ずるものに限る。）の執行がされた場合について準用する。この場合において，第55条第3項中「債務者以外の占有者」とあるのは，「債務者及び不動産の所有者以外の占有者」と読み替えるものとする。

（不動産執行の規定の準用）

第188条　第44条の規定は不動産担保権の実行について，前章第2節第1款第2目（第81条を除く。）の規定は担保不動産競売について，同款第3目の規定は担保不動産収益執行について準用する。

（担保権の実行についての強制執行の総則規定の準用）

第194条　第38条，第41条及び第42条の規定は，担保権の実行としての競売，担保不動産収益執行並びに前条第1項に規定する担保権の実行及び行使について準用する。

（公示書等損壊罪）

第212条　次の各号のいずれかに該当する者は，1年以下の懲役又は100万円以下の罰金に処する。

⑴　第55条第1項（第1号に係る部分に限る。），第68条の2第1項若しくは第77条第1項（第1号に係る部分に限る。）（これらの規定を第121条（第189条（第195条の規定によりその例によることとされる場合を含む。）において準用する場合を含む。）及び第188条（第195条の規定によりその例によることとされる場合を含む。）において準用する場合を含む。）又は第187条第1項（第195条の規定によりその例によることとされる場合を含む。）の規定による命令に基づき執行官が公示するために施した公示書その他の標識（刑法第96条に規定する封印及び差押えの表示を除く。）を損壊した者

⑵　第168条の2第3項又は第4項の規定により執行官が公示するために施した公示書その他の標識を損壊した者

（陳述等拒絶の罪）

第213条　次の各号のいずれかに該当する者は，6月以下の懲役又は50万円以下の罰金に処する。

⑴　売却基準価額の決定に関し，執行裁判所の呼出しを受けた審尋の期日において，正当な理由なく，出頭せず，若しくは陳述を拒み，又は虚偽の陳述をした者

⑵　第57条第2項（第121条（第189条（第195条の規定によりその例によることとされる場合を含む。）において準用する場合を含む。）及び第188条（第195条の規定によりその例によることとされる場合を含む。）において準用する場合を含む。）の規定による執行官の質問又は文書の提出の要求に対し，正当な理由なく，陳述をせず，若しくは文書の提示を拒み，又は虚偽の陳述をし，若しくは虚偽の記載をした文書を提示した者

⑶　第65条の2（第188条（第195条の規定によりその例によることとされる場合を含む。）において準用する場合を含む。）の規定により陳述すべき事項について虚偽の陳述をした者

⑷　第168条第2項の規定による執行官の質問又は文書の提出の要求に対し，正当な理由なく，陳述をせず，若しくは文書の提示を拒み，又は虚偽の陳述をし，若しくは虚偽の記載をした文書を提示した債務者又は同項に規定する不動産等を占有する第三者

(5) 執行裁判所の呼出しを受けた財産
開示期日において，正当な理由な
く，出頭せず，又は宣誓を拒んだ開
示義務者

(6) 第199条第7項において準用する
民事訴訟法第201条第1項の規定に
より財産開示期日において宣誓した
開示義務者であつて，正当な理由な
く第199条第1項から第4項までの
規定により陳述すべき事項について
陳述をせず，又は虚偽の陳述をした
もの

2 不動産（登記することができない土
地の定着物を除く。以下この項におい
て同じ。）の占有者であつて，その占
有の権原を差押債権者，仮差押債権者
又は第59条第1項（第188条（第195条
の規定によりその例によることとされ
る場合を含む。）において準用する場
合を含む。）の規定により消滅する権
利を有する者に対抗することができな
いものが，正当な理由なく，第64条の
2第5項（第188条（第195条の規定に
よりその例によることとされる場合を
含む。）において準用する場合を含
む。）の規定による不動産の立入りを
拒み，又は妨げたときは，30万円以下
の罰金に処する。

（過料に処すべき場合）

第214条 第202条の規定に違反して，
同条の情報を同条に規定する目的以外
の目的のために利用し，又は提供した
者は，30万円以下の過料に処する。

2 第210条の規定に違反して，同条の
情報を同条に規定する目的以外の目的
のために利用し，又は提供した者も，
前項と同様とする。

民事執行規則（抄）

（昭和54年1月8日最高裁判所規則第5号）
（最終改正，令和元年11月27日最高裁判所規則第5号）

（申立書の添付書類）

第23条 不動産に対する強制競売の申立書には，執行力のある債務名義の正本のほか，次に掲げる書類を添付しなければならない。

⑴ 登記がされた不動産については，登記事項証明書及び登記記録の表題部に債務者以外の者が所有者として記録されている場合にあつては，債務者の所有に属することを証する文書

⑵ 登記がされていない土地又は建物については，次に掲げる書類

  イ 債務者の所有に属することを証する文書

  ロ 当該土地についての不動産登記令（平成16年政令第379号）第2条第2号に規定する土地所在図及び同条第三号に規定する地積測量図

  ハ 当該建物についての不動産登記令第2条第5号に規定する建物図面及び同条第6号に規定する各階平面図並びに同令別表の32の項添付情報欄ハ又はニに掲げる情報を記載した書面

⑶ 土地については，その土地に存する建物及び立木に関する法律（明治42年法律第22号）第1条に規定する立木（以下「立木」という。）の登記事項証明書

⑷ 建物又は立木については，その存する土地の登記事項証明書

⑸ 不動産に対して課される租税その他の公課の額を証する文書

（手続の進行に資する書類の提出）

第23条の2 申立債権者は，執行裁判所に対し，次に掲げる書類を提出するものとする。

⑴ 不動産（不動産が土地である場合にはその上にある建物を，不動産が建物である場合にはその敷地を含む。）に係る不動産登記法（平成16年法律第123号）第14条第1項の地図又は同条第四項の地図に準ずる図面及び同条第1項の建物所在図の写し（当該地図，地図に準ずる図面又は建物所在図が電磁的記録に記録されているときは，当該記録された情報の内容を証明した書面）

⑵ 債務者の住民票の写しその他その住所を証するに足りる文書

⑶ 不動産の所在地に至るまでの通常の経路及び方法を記載した図面

⑷ 申立債権者が不動産の現況の調査又は評価をした場合において当該調査の結果又は評価を記載した文書を保有するときは，その文書

（開始決定の通知）

第24条 強制管理の開始決定がされた不動産について強制競売の開始決定がされたときは，裁判所書記官は，強制管理の差押債権者及び管理人に対し，その旨を通知しなければならない。担保不動産収益執行の開始決定がされた不動産について強制競売の開始決定がされたときも，同様とする。

（二重開始決定等の通知）

第25条 法第47条第1項の規定により開始決定がされたときは，裁判所書記官は，先の開始決定に係る差押債権者

に対し，その旨を通知しなければなら
ない。

2　先の開始決定に係る強制競売又は競
売の手続が停止されたときは，裁判所
書記官は，後の開始決定に係る差押債
権者に対し，その旨を通知しなければ
ならない。

3　法第47条第6項の裁判がされたとき
は，裁判所書記官は，債務者に対し，
その旨を通知しなければならない。

（配当要求の方式）

第26条　配当要求は，債権（利息その
他の附帯の債権を含む。）の原因及び
額を記載した書面でしなければならな
い。

（配当要求の通知）

第27条　配当要求があつたときは，裁
判所書記官は，差押債権者及び債務者
に対し，その旨を通知しなければなら
ない。

**（売却のための保全処分等の申立ての方
式等）**

第27条の2　法第55条第1項の申立て
は，次に掲げる事項を記載した書面で
しなければならない。

⑴　当事者の氏名又は名称及び住所
（相手方を特定することができない
場合にあつては，その旨）並びに代
理人の氏名及び住所

⑵　申立ての趣旨及び理由

⑶　強制競売の申立てに係る事件の表
示

⑷　不動産の表示

2　申立ての理由においては，申立てを
理由付ける事実を具体的に記載し，か
つ，立証を要する事由ごとに証拠を記
載しなければならない。

（公示保全処分の執行方法）

第27条の3　執行官は，法第55条第1
項に規定する公示保全処分を執行する
ときは，滅失又は破損しにくい方法に
より標識を掲示しなければならない。

2　執行官は，前項の公示保全処分を執
行するときは，法第55条第1項に規定
する公示書その他の標識に，標識の損
壊に対する法律上の制裁その他の執行
官が必要と認める事項を記載すること
ができる。

**（相手方不特定の保全処分等を執行した
場合の届出）**

第27条の4　執行官は，法第55条の2
第1項（法第68条の2第4項及び法第
77条第2項において準用する場合を含
む。）の規定による決定を執行したと
きは，速やかに，法第55条の2第3項
（法第68条の2第4項及び法第77条第
2項において準用する場合を含む。）
の規定により当該決定の相手方となつ
た者の氏名又は名称その他の当該者を
特定するに足りる事項を，執行裁判所
に届け出なければならない。

（職務執行区域外における現況調査）

第28条　執行官は，不動産の現況調査
のため必要があるときは，所属の地方
裁判所の管轄区域外で職務を行うこと
ができる。

（現況調査報告書）

第29条　執行官は，不動産の現況調査を
したときは，次に掲げる事項を記載し
た現況調査報告書を所定の日までに執
行裁判所に提出しなければならない。

⑴　事件の表示

⑵　不動産の表示

⑶　調査の日時，場所及び方法

(4) 調査の目的物が土地であるとき
  は，次に掲げる事項
  イ 土地の形状及び現況地目
  ロ 占有者の表示及び占有の状況
  ハ 占有者が債務者以外の者である
    ときは，その者の占有の開始時
    期，権原の有無及び権原の内容の
    細目についての関係人の陳述又は
    関係人の提示に係る文書の要旨及
    び執行官の意見
  ニ 土地に建物が存するときは，そ
    の建物の種類，構造，床面積の概
    略及び所有者の表示
(5) 調査の目的物が建物であるとき
  は，次に掲げる事項
  イ 建物の種類，構造及び床面積の
    概略
  ロ 前号ロ及びハに掲げる事項
  ハ 敷地の所有者の表示
  ニ 敷地の所有者が債務者以外の者
    であるときは，債務者の敷地に対
    する占有の権原の有無及び権原の
    内容の細目についての関係人の陳
    述又は関係人の提示に係る文書の
    要旨及び執行官の意見
(6) 当該不動産について，債務者の占
  有を解いて執行官に保管させる仮処
  分が執行されているときは，その旨
  及び執行官が保管を開始した年月日
(7) その他執行裁判所が定めた事項
2 現況調査報告書には，調査の目的物
  である土地又は建物の見取図及び写真
  を添付しなければならない。

（評価の方法）

第29条の２ 評価人は，評価をするに
  際し，不動産の所在する場所の環境，
  その種類，規模，構造等に応じ，取引

事例比較法，収益還元法，原価法その
他の評価の方法を適切に用いなければ
ならない。

（評価書）

第30条 評価人は，不動産の評価をし
  たときは，次に掲げる事項を記載した
  評価書を所定の日までに執行裁判所に
  提出しなければならない。
(1) 事件の表示
(2) 不動産の表示
(3) 不動産の評価額及び評価の年月日
(4) 不動産の所在する場所の環境の概
  要
(5) 評価の目的物が土地であるとき
  は，次に掲げる事項
  イ 地積
  ロ 都市計画法（昭和43年法律第
    100号），建築基準法（昭和25年法
    律第201号）その他の法令に基づ
    く制限の有無及び内容
  ハ 規準とした公示価格その他の評
    価の参考とした事項
(6) 評価の目的物が建物であるとき
  は，その種類，構造及び床面積並び
  に残存耐用年数その他の評価の参考
  とした事項
(7) 評価額の算出の過程
(8) その他執行裁判所が定めた事項
2 評価書には，不動産の形状を示す図
  面及び不動産の所在する場所の周辺の
  概況を示す図面を添付しなければなら
  ない。

（執行官及び評価人相互の協力）

第30条の２ 執行官及び評価人は，現
  況調査又は評価をするに際し，それぞ
  れの事務が円滑に処理されるようにす
  るため，相互に必要な協力をしなけれ

ばならない。

（売却基準価額の変更の方法）

第30条の3　執行裁判所は，裁判所書記官が売却を実施させても適法な買受けの申出がなかつた場合（買受人が代金を納付しなかつた場合を含む。）において，不動産の現況，利用状況，手続の経過その他諸般の事情を考慮して，当該売却基準価額（法第60条第1項に規定する売却基準価額をいう。以下同じ。）により更に売却を実施させても売却の見込みがないと認めるときは，評価書の記載を参考にして，売却基準価額を変更することができる。この場合においては，執行裁判所は，当該評価書を提出した評価人の意見を聴くことができる。

2　執行裁判所は，前項の聴取をするときは，裁判所書記官に命じて行わせることができる。

（物件明細書の内容と売却基準価額の決定の内容との関係についての措置）

第30条の4　執行裁判所は，売却基準価額を定めるに当たり，物件明細書に記載された事項の内容が当該売却基準価額の決定の基礎となる事項の内容と異なると認めるときは，当該売却基準価額の決定において，各事項の内容が異なる旨及びその異なる事項の内容を明らかにしなければならない。

2　前項の場合には，裁判所書記官は，同項に規定する各事項の内容が異なる旨及びその異なる事項の内容の物件明細書への付記，これらを記載した書面の物件明細書への添付その他これらを物件明細書上明らかにするものとして相当と認める措置を講じなければなら

ない。

（物件明細書の内容の公開等）

第31条　法第62条第2項の最高裁判所規則で定める措置は，執行裁判所が使用する電子計算機と情報の提供を受ける者が使用する電子計算機とを電気通信回線で接続した電子情報処理組織を使用する措置であつて，当該電気通信回線を通じて情報が送信され，当該情報の提供を受ける者の使用する電子計算機に備えられたファイルに当該情報が記録されるもののうち，次のいずれにも該当するものとする。

(1)　当該執行裁判所の使用する電子計算機に備えられたファイルに記録された物件明細書の内容に係る情報を電気通信回線を通じて当該情報の提供を受ける者の閲覧に供し，当該情報の提供を受ける者の使用する電子計算機に備えられたファイルに当該情報を記録するもの

(2)　インターネットに接続された自動公衆送信装置（著作権法（昭和45年法律第48号）第2条第1）項第9号の5イに規定する自動公衆送信装置をいう。）を使用するもの

2　法第62条第2項の規定による物件明細書の写しの備置き又は前項の措置は，売却の実施の日の1週間前までに開始しなければならない。

3　裁判所書記官は，前項の備置き又は措置を実施している期間中，現況調査報告書及び評価書の写しを執行裁判所に備え置いて一般の閲覧に供し，又は当該現況調査報告書及び評価書の内容に係る情報について第1項の措置に準ずる措置を講じなければならない。

4　法第62条第2項及び前項の規定により物件明細書，現況調査報告書及び評価書の内容が公開されたときは，裁判所書記官は，その旨並びに公開の方法及び年月日を記録上明らかにしなければならない。

（買受けの申出をすることができる者の制限）

第33条　執行裁判所は，法令の規定によりその取得が制限されている不動産については，買受けの申出をすることができる者を所定の資格を有する者に限ることができる。

（入札の種類）

第34条　不動産を売却するための入札は，入札期日に入札をさせた後開札を行う期日入札及び入札期間内に入札をさせて開札期日に開札を行う期間入札とする。

（入札期日の指定等）

第35条　裁判所書記官は，期日入札の方法により不動産を売却するときは，入札期日を定めなければならない。

2　裁判所書記官は，法第64条第4項の規定により売却決定期日を指定するときは，やむを得ない事由がある場合を除き，入札期日から3週間以内の日を指定しなければならない。

（期日入札の公告等）

第36条　裁判所書記官は，入札期日及び売却決定期日（次条において「入札期日等」という。）を定めたときは，入札期日の2週間前までに，法第64条第5項に規定する事項のほか，次に掲げる事項を公告しなければならない。

⑴　事件の表示

⑵　売却決定期日を開く日時及び場所

⑶　買受可能価額（法第60条第3項に規定する買受可能価額をいう。）

⑷　買受けの申出の保証の額及び提供の方法

⑸　法第61条の規定により不動産を一括して売却することを定めたときは，その旨

⑹　第33条の規定により買受けの申出をすることができる者の資格を制限したときは，その制限の内容

⑺　不動産に対して課される租税その他の公課の額

⑻　物件明細書，現況調査報告書及び評価書の内容が入札期日の1週間前までに公開される旨及び公開の方法

2　裁判所書記官は，不動産所在地の市町村に対し，公告事項を記載した書面を当該市町村の掲示場に掲示するよう入札期日の2週間前までに嘱託しなければならない。ただし，公告事項の要旨及び不動産の買受けの申出の参考となるべき事項を公示したときは，この限りでない。

（入札期日等の通知）

第37条　裁判所書記官は，入札期日等を定めたときは，次に掲げる者に対し，入札期日等を開く日時及び場所を通知しなければならない。

⑴　差押債権者及び債務者

⑵　配当要求をしている債権者

⑶　当該不動産について差押えの登記前に登記がされた権利を有する者

⑷　知れている抵当証券の所持人及び裏書人

⑸　その他執行裁判所が相当と認める者

(期日入札における入札)

第38条 期日入札における入札は，入札書を執行官に差し出す方法により行う。

2 入札書には，次に掲げる事項を記載しなければならない。

(1) 入札人の氏名又は名称及び住所

(2) 代理人によつて入札をするときは，代理人の氏名及び住所

(3) 事件の表示その他の不動産を特定するために必要な事項

(4) 入札価額

3 法人である入札人は，代表者の資格を証する文書を執行官に提出しなければならない。

4 入札人の代理人は，代理権を証する文書を執行官に提出しなければならない。

5 共同して入札をしようとする者は，あらかじめ，これらの者の関係及び持分を明らかにして執行官の許可を受けなければならない。

6 入札は，変更し，又は取り消すことができない。

7 第31条の2の規定は，期日入札における入札について準用する。この場合において，同条中「差押債権者」とあるのは「入札人」と，「執行裁判所」とあるのは「執行官」と，同条第1項中「法第63条第2項第1号の申出をするときは，次に掲げる書類」とあるのは「次に 掲げる書類」と読み替えるものとする。

(期日入札における買受けの申出の保証の額)

第39条 期日入札における買受けの申出の保証の額は，売却基準価額の10分の2とする。

2 執行裁判所は，相当と認めるときは，前項の額を超える保証の額を定めることができる。

(期日入札における買受けの申出の保証の提供方法)

第40条 前条の買受けの申出の保証は，入札書を差し出す際に次に掲げるもの（以下「保証金等」という。）を執行官に提出する方法により提供しなければならない。

(1) 金銭

(2) 銀行又は執行裁判所の定める金融機関が自己を支払人として振り出した持参人払式の一般線引小切手で，提示期間の満了までに5日以上の期間のあるもの

(3) 銀行又は執行裁判所の定める金融機関が執行裁判所の預金口座のある銀行を支払人として振り出した持参人払式の一般線引小切手で，提示期間の満了までに5日以上の期間のあるもの

(4) 銀行等が買受けの申出をしようとする者のために一定の額の金銭を執行裁判所の催告により納付する旨の期限の定めのない支払保証委託契約が買受けの申出をしようとする者と銀行等との間において締結されたことを証する文書

2 執行裁判所は，相当と認めるときは，金銭を提出する方法により買受けの申出の保証を提供することができない旨を定めることができる。

(入札期日の手続)

第41条 執行官は，入札の催告をした後20分を経過しなければ，入札を締め切つてはならない。

2 執行官は，開札に際しては，入札を
した者を立ち会わせなければならない。
この場合において，入札をした者が立
ち会わないときは，適当と認められる
者を立ち会わせなければならない。

3 開札が終わつたときは，執行官は，
最高価買受申出人を定め，その氏名又
は名称及び入札価額を告げ，かつ，次
順位買受けの申出（法第67条に規定す
る次順位買受けの申出をいう。以下同
じ。）をすることができる入札人があ
る場合にあつては，その氏名又は名称
及び入札価額を告げて次順位買受けの
申出を催告した後，入札期日の終了を
宣しなければならない。

**（期日入札における最高価買受申出人等
の決定）**

第42条 最高の価額で買受けの申出を
した入札人が２人以上あるときは，執
行官は，これらの者に更に入札をさせ
て最高価買受申出人を定める。この場
合においては，入札人は，先の入札価
額に満たない価額による入札をするこ
とができない。

2 前項の入札人の全員が入札をしない
ときは，くじで最高価買受申出人を定
める。同項の入札において最高の価額
で買受けの申出をした入札人が２人以
上あるときも，同様とする。

3 次順位買受けの申出をした入札人が
２人以上あるときは，くじで次順位買
受申出人を定める。

（入札期日を開く場所における秩序維持）

第43条 執行官は，入札期日を開く場
所における秩序を維持するため必要が
あると認めるときは，その場所に参集
した者に対し身分に関する証明を求

め，及び執行裁判所に対し援助を求め
ることができる。

（期日入札調書）

第44条 執行官は，期日入札を実施し
たときは，速やかに，次に掲げる事項
を記載した期日入札調書を作成し，執
行裁判所に提出しなければならない。

⑴ 不動産の表示

⑵ 入札の催告をした日時及び入札を
締め切つた日時

⑶ 最高価買受申出人及び次順位買受
申出人の氏名又は名称及び住所並び
に代理人の氏名及び住所

⑷ 最高価買受申出人及び次順位買受
申出人の入札価額及び買受けの申出
の保証の提供方法

⑸ 適法な入札がなかつたときは，そ
の旨

⑹ 第42条第２項後段の規定により入
札をした者以外の者を開札に立ち会
わせたときは，その者の表示

⑺ 第42条の規定により最高価買受申
出人又は次順位買受申出人を定めた
ときは，その旨

⑻ 法第65条に規定する措置を採つた
ときは，その理由及び採つた措置

2 執行官は，最高価買受申出人及び次
順位買受申出人又はこれらの代表者若
しくは代理人に，期日入札調書に署名
押印させなければならない。この場合
においては，第13条第２項後段の規定
を準用する。

3 期日入札調書には，入札書を添付し
なければならない。

**（期日入札における買受けの申出の保証
の返還等）**

第45条 最高価買受申出人及び次順位

買受申出人以外の入札人から入札期日の終了後直ちに申出があつたときは，執行官は，速やかに，保証金等を返還しなければならない。

2 保証金等の返還に係る受取証は，期日入札調書に添付しなければならない。

3 第1項の規定により入札人に返還した保証金等以外の保証金等については，執行官は，速やかに，これを執行裁判所に提出しなければならない。

（入札期間及び開札期日の指定等）

第46条 裁判所書記官は，期間入札の方法により不動産を売却するときは，入札期間及び開札期日を定めなければならない。この場合において，入札期間は，1週間以上1月以内の範囲内で定め，開札期日は，入札期間の満了後1週間以内の日としなければならない。

2 裁判所書記官は，法第64条第4項の規定により売却決定期日を指定するときは，やむを得ない事由がある場合を除き，開札期日から3週間以内の日を指定しなければならない。

（期間入札における入札の方法）

第47条 期間入札における入札は，入札書を入れて封をし，開札期日を記載した封筒を執行官に差し出す方法又はその封筒を他の封筒に入れて郵便若しくは民間事業者による信書の送達に関する法律（平成14年法律第99号）第2条第6項に規定する一般信書便事業者若しくは同条第9項に規定する特定信書便事業者による同条第2項に規定する信書便により執行官に送付する方法により行う。

（期間入札における買受けの申出の保証の提供方法）

第48条 期間入札における買受けの申出の保証は，執行裁判所の預金口座に一定の額の金銭を振り込んだ旨の金融機関の証明書又は第40条第1項第4号の文書を，入札書を入れて封をし，開札期日を記載した封筒と共に執行官に提出する方法により提供しなければならない。

（期日入札の規定の準用）

第49条 第36条，第37条，第38条第2項から第7項まで，第39条，第41条第2項及び第3項並びに第42条から第44条（第1項第2号を除く。）までの規定は期間入札について，第45条の規定は期間入札における買受けの申出の保証として第401条第1項第4号の文書が提出された場合について準用する。この場合において，第36条中「入札期日の」とあるのは，「入札期間の開始の日の」と読み替えるものとする。

（内覧実施命令）

第51条の2 法第64条の2第1項の申立ては，次に掲げる事項を記載した書面でしなければならない。

(1) 申立人の氏名又は名称及び住所並びに代理人の氏名及び住所

(2) 事件の表示

(3) 三 不動産の表示

(4) 不動産の占有者を特定するに足りる事項であつて，申立人に知れているもの（占有者がいないときは，その旨）

2 前項の申立ては，各回の売却の実施につき，売却を実施させる旨の裁判所書記官の処分の時までにしなければな

らない。

3　執行裁判所は，不動産の一部について内覧を実施すべきときは，法第64条の2第1項の命令において，内覧を実施する部分を特定しなければならない。

4　裁判所書記官は，法第64条の2第1項の命令があつたときは，知れている占有者に対し，当該命令の内容を通知しなければならない。法第64条の2第4項の規定により同条第1項の命令を取り消す旨の決定があつたときについても，同様とする。

（執行官による内覧の実施）

第51条の3　執行官は，法第64条の2第1項の命令があつたときは，遅滞なく，内覧への参加の申出をすべき期間及び内覧を実施する日時を定め，これらの事項及び不動産の表示（前条第3項の場合においては，内覧を実施する部分の表示を含む。）を公告し，かつ，不動産の占有者に対して内覧を実施する日時を通知しなければならない。

2　執行官は，前項の規定により内覧への参加の申出をすべき期間を定めるに当たつては，その終期が物件明細書，現況調査報告書及び評価書の内容が公開されてから相当の期間が経過した後となるよう配慮しなければならない。

3　内覧への参加の申出は，内覧の対象となる不動産を特定するに足りる事項並びに当該不動産に立ち入る者の氏名，住所及び電話番号（ファクシミリの番号を含む。）を記載した書面により，第1項の期間内に，執行官に対してしなければならない。

4　法第64条の2第3項の最高裁判所規則で定める事由は，次に掲げるものとする。

(1)　法第71条第4号イからハまでに掲げる者のいずれかに該当すること。

(2)　前項の書面に記載した当該不動産に立ち入る者が法第71条第4号イからハまでのいずれかに該当すること。

5　執行官は，内覧を実施する場所における秩序を維持するため必要があると認めるときは，その場所に参集した者に対し，身分に関する証明を求めることができる。

6　法第64条の2第1項の申立てをした差押債権者は，執行官から資料又は情報の提供その他の内覧の円滑な実施のために必要な協力を求められたときは，できる限りこれに応じるよう努めなければならない。

（買受けの申出がなかつた場合の調査）

第51条の5　執行裁判所は，裁判所書記官が売却を実施させても適法な買受けの申出がなかつた場合（買受人が代金を納付しなかつた場合を含む。）には，差押債権者に対し，その意見を聴いて，買受けの申出をしようとする者の有無，不動産の売却を困難にしている事情その他売却の円滑な実施に資する事項について，調査を求めることができる。

2　執行裁判所は，前項の調査を求めるときは，裁判所書記官に命じて行わせることができる。

（売却決定期日を開くことができない場合等の通知）

第52条　法第72条第1項の規定により売却決定期日を開くことができないとき，又は法第73条第一項の規定により売却許可決定が留保されたときは，裁

判所書記官は，最高価買受申出人及び
次順位買受申出人に対し，その旨を通
知しなければならない。

（変更後の売却決定期日の通知）

第53条　売却の実施の終了後に売却決
定期日が変更されたときは，裁判所書
記官は，第37条各号に掲げる者並びに
最高価買受申出人及び次順位買受申出
人に対し，変更後の期日を通知しなけ
ればならない。

**（売却許可決定等の告知の効力の発生時
期）**

第54条　売却の許可又は不許可の決定
は，言渡しの時に告知の効力を生ずる。

（売却許可決定の公告）

第55条　売却許可決定が言い渡された
ときは，裁判所書記官は，その内容を
公告しなければならない。

**（最高価買受申出人又は買受人のための
保全処分等の申立ての方式等）**

第55条の2　法第77条第1項の申立ては，
第27条の2第1項各号に掲げる事項を
記載した書面でしなければならない。

2　第27条の2第2項の規定は前項の書
面について，第27条の3の規定は法第
77条第1項に規定する公示保全処分の
執行について準用する。

（代金納付期限）

第56条　法第78条第1項の規定による
代金納付の期限は，売却許可決定が確
定した日から1月以内の日としなけれ
ばならない。

2　裁判所書記官は，前項の期限を定め
たときは，買受人に対し，これを通知
しなければならない。法第78条第5項
の規定により前項の期限を変更したと
きも，同様とする。

（保証として提供されたものの換価）

第57条　法第78条第3項（法第86条第
3項において準用する場合を含む。次
条において同じ。）の規定による有価
証券の換価は，執行官にこれを売却さ
せて行う。

2　有価証券の売却を命じられた執行官
は，動産執行の手続によりこれを売却
し，その売得金を執行裁判所に提出し
なければならない。

第58条　第32条第1項第3号又は第40
条第1項第4号（第50条第4項におい
て準用する場合を含む。）の文書に係
る法第78条第3項の規定による換価
は，執行裁判所の催告により所定の額
の金銭を銀行等に納付させて行う。

**（法第82条第2項の最高裁判所規則で定
める申出の方式等）**

第58条の2　法第82条第2項の申出は，
次に掲げる事項を記載した書面でしな
ければならない。

(1)　事件の表示

(2)　不動産の表示

(3)　申出人の氏名又は名称及び住所

(4)　代理人によつて申出をするとき
は，代理人の氏名及び住所

(5)　法第82条第2項の申出人の指定す
る者（以下この条において「被指定
者」という。）の氏名，住所及び職
業

2　前項の書面には，次に掲げる文書を
添付しなければならない。

(1)　買受人から不動産の上に抵当権の
設定を受けようとする者が法人であ
るときは，代表者の資格を証する文
書

(2)　申出人間の抵当権設定契約書の写

し

3　被指定者は，法第82条第２項の規定により嘱託書の交付を受けるに当たり，裁判所書記官に対し，指定を証する文書を提出しなければならない。この場合において，裁判所書記官は，被指定者に対し，その身分又は資格を証する文書の提示を求めることができる。

4　被指定者は，嘱託書を登記所に提出したときは，裁判所書記官に対し，速やかにその旨を書面で届け出なければならない。

（引渡命令の申立ての方式等）

第58条の３　法第83条第１項の申立ては，第27条の２第１項各号に掲げる事項を記載した書面でしなければならない。

2　第27条の２第２項の規定は，前項の書面について準用する。

（強制執行の目的物でない動産の売却の手続等）

第154条の２　法第168条第５項後段（同条第６項後段において準用する場合を含む。）の規定による売却の手続については，この条に定めるもののほか，動産執行の例による。

2　執行官は，不動産等の引渡し又は明渡しの強制執行の申立てがあつた場合において，法第168条の２第１項に規定する明渡しの催告を実施したときは，これと同時に，当該申立てに基づく強制執行の実施予定日を定めた上，当該実施予定日に強制執行の目的物でない動産であつて法第168条第５項の規定による引渡しをすることができなかつたものが生じたときは，当該実施予定日にこれを同項後段の規定により

強制執行の場所において売却する旨を決定することができる。この場合において，執行官は，売却すべき動産の表示の公告に代えて，当該実施予定日において法第168条第５項の規定による引渡しをすることができなかつた動産を売却する旨を公告すれば足りる。

3　執行官は，不動産等の引渡し又は明渡しの強制執行を行つた日（以下この項において「断行日」という。）において，強制執行の目的物でない動産であつて法第168条第５項の規定による引渡しをすることができなかつたものが生じ，かつ，相当の期間内に当該動産を同項前段に規定する者に引き渡すことができる見込みがないときは，即日当該動産を売却し，又は断行日から１週間未満の日を当該動産の売却の実施の日として指定することができる。この場合において，即日当該動産を売却するときは，第115条（第120条第３項において準用する場合を含む。）各号に掲げる事項を公告することを要しない。

4　前項の規定は，高価な動産については，適用しない。

5　執行官は，不動産等の引渡し又は明渡しの強制執行の申立てをした債権者に対し，明渡しの催告の実施又は強制執行の開始の前後を問わず，債務者の占有の状況，引渡し又は明渡しの実現の見込み等についての情報の提供その他の手続の円滑な進行のために必要な協力を求めることができる。

（明渡しの催告等）

第154条の３　法第168条の２第１項に規定する明渡しの催告は，やむを得な

い事由がある場合を除き，不動産等の
引渡し又は明渡しの強制執行の申立て
があつた日から２週間以内の日に実施
するものとする。

2　第27条の３の規定は，法第168条の
２第３項の規定による公示をする場合
について準用する。

（担保権の実行の申立書の記載事項）

第170条　担保権の実行（法第193条第
１項後段の規定による担保権の行使を
含む。次条及び第172条において同
じ。）の申立書には，次に掲げる事項
を記載しなければならない。

⑴　債権者，債務者及び担保権の目的
である権利の権利者の氏名又は名称
及び住所並びに代理人の氏名及び住
所

⑵　担保権及び被担保債権の表示

⑶　担保権の実行又は行使に係る財産
の表示及び求める担保権の実行の方
法

⑷　被担保債権の一部について担保権
の実行又は行使をするときは，その
旨及びその範囲

2　担保不動産競売の申立書には，申立
人が当該担保不動産に係る法第187条
第１項の申立てをした場合にあつて
は，前項各号に掲げる事項のほか，当
該申立てに係る事件の表示を記載しな
ければならない。

3　担保不動産収益執行の申立書には，
第１項各号に掲げる事項のほか，給付
義務者を特定するに足りる事項及び給
付請求権の内容であつて申立人に知れ
ているものを記載しなければならない。

**（担保不動産競売の開始決定前の保全処
分等の申立ての方式等）**

第172条の２　法第187条第１項の申立
ては，次に掲げる事項を記載した書面
でしなければならない。

⑴　第27条の２第１項第１号，第２号
及び第４号に掲げる事項

⑵　債務者及び不動産の所有者（不動
産とみなされるものにあつては，そ
の権利者）の氏名又は名称及び住所
（代理人がある場合にあつては，そ
の氏名及び住所）

⑶　担保権及び被担保債権の表示

2　前項の書面には，次に掲げる文書を
添付しなければならない。

⑴　担保権の目的である不動産の登記
事項証明書

⑵　法第187条第３項の規定による提
示に係る文書（法第181条第１項第
３号に掲げる文書を除く。）の写し

3　法第187条第４項の文書には，当該
担保不動産競売の申立てに係る事件の
表示を記載しなければならない。

4　第27条の２第２項の規定は第１項の
書面について，第27条の３の規定は法
第187条第１項に規定する公示保全処
分の執行について，第27条の４の規定
は法第187条第５項において準用する
法第55条の２第１項の規定による決定
を執行した場合について準用する。

（不動産執行の規定の準用）

第173条　前章第２節第１款第１目の規
定（次に掲げる規定を除く。）は，担
保不動産競売について準用する。

⑴　第23条中執行力のある債務名義の
正本に係る部分

⑵　第62条

2　前章第2節第1款第2目の規定（次に掲げる規定を除く。）は，担保不動産収益執行について準用する。

⑴　第63条第1項

⑵　第73条（前項各号に掲げる規定を準用する部分に限る。）

索引
（50音順）

ら

『ワイズ会員』のご案内

　㈱ワイズ不動産投資顧問では不動産投資情報の会員組織を運営しており，不動産投資（特に競（公）売不動産や底地，借地）にご興味ある方にむけて，さまざまな不動産投資に関する情報を発信しております。
　ワイズ会員の皆様には，
① FAX，E メールでのコンサルティングサービス
②月間ワイズレポートの送付
③特選物件の紹介
④セミナー，研修会の優待
などのサービスが提供されます。
　またご希望により，競売開札速報などの競売に関するデータを提供しております。
　ご興味ございます方は，E メールか FAX にてご連絡ください。
『月間ワイズレポート』の見本（無料）をお送りいたします。

E メールでのご請求

弊社ホームページ（https://www.wise-cir.co.jp/）にアクセスいただき，「お問い合わせフォーム」に必要事項および資料請求の旨を記載しご返信ください。

FAX でのご請求

FAX　03-3518-2415まで
お名前・ご住所・電話番号・ワイズ会員資料ご希望の旨明記のうえ，ご送信ください。

著者紹介

山田　純男（やまだ　すみお）

昭和32年生まれ　昭和55年慶應義塾大学経済学部卒業
三井不動産販売株式会社（当時），株式会社リクルートコスモス
（当時）勤務を経て現職。平成5年より競売不動産に関する調査，
コンサルティングを開始。不動産投資全般のコンサルティング
や底地・借地などの特殊物件投資提案も行っている。
公認不動産コンサルティングマスター
行政書士
宅地建物取引士
土地家屋調査士有資格者
㈱ワイズ不動産投資顧問　代表取締役（連絡先：03-3518-2425）
国土交通省　不動産投資顧問業登録　一般90号
URL https://www.wise-cir.co.jp/

竹本　裕美（たけもと　ひろみ）

昭和31年生まれ　早稲田大学法学部卒業
昭和60年弁護士登録（第一東京弁護士会所属）
平成元年竹本法律事務所を開設
企業法務に携わるかたわら，企業の倒産処理を多数手がけてき
た他，倒産事件に伴う不動産の処理及び不動産競売に関する事
件に長年の経験と実績を有する。
〔竹本法律事務所〕
〒107-0052
東京都港区赤坂2-17-12　チュリス赤坂701
電話　03-5575-7221
FAX　03-5575-7225

この書籍は、週刊住宅新聞社が発刊していた書籍「プロが教える競売不動産の上手な
入手法 改訂第11版」の内容に加筆・修正を加えたものです。

競売不動産の教科書【改訂版】

1996年 4月25日	初版発行		©1996
2015年 3月7日	改訂第11版発行		
2019年 2月21日	改題初版発行		
2021年 2月28日	改題初版第2刷発行		
2024年 6月18日	改題改訂版発行		

著　者	山田　純男	
	竹本　裕美	
発行人	今井　修	
印　刷	亜細亜印刷株式会社	
発行所	プラチナ出版株式会社	

　　　　〒101-0031　東京都中央区京橋3丁目9-7
　　　　京橋鈴木ビル7F
　　　　TEL 03-3561-0200　FAX 03-6264-4644
　　　　http://www.platinum-pub.co.jp